中国国家博物馆 编

中国国家博物馆馆藏文物研究丛书

瓷器卷

宋—元

上海古籍出版社

中国国家博物馆馆藏文物研究丛书
编纂委员会

总　序

中国国家博物馆馆长　王春法

中国国家博物馆的前身，最早可以追溯到1912年成立于北京国子监的国立历史博物馆筹备处，当时收藏各类文物5万余件。1918年，馆址迁至故宫端门与午门，藏品数量也逐渐增加，到1924年正式开馆时，文物总数达到20万件，分为26类。在新中国成立以前，国立历史博物馆对馆藏文物的研究主要反映在编辑出版《国立历史博物馆丛刊》三期、《国立历史博物馆讲演会讲演录》第一辑，编纂《国立历史博物馆物品目录》《国立历史博物馆存储物品目录》《馆藏文物分类说明目录》《国立历史博物馆陈列室物品目录》等藏品目录方面。尤其是出版《国立历史博物馆丛刊》三期，作为中国第一份文博类学术期刊，具有划时代和开创性的重要意义。

1949年新中国成立之后，特别是1978年改革开放以来，中国历史博物馆和中国革命博物馆的专家学者进一步加强馆藏中国古代文物与近现代文物研究，推出了一批具有较大影响力的学术成果,包括《简明中国历史图册》十册、《中国历史博物馆藏法书大观》十五卷、《华夏之路》四册、《中国古代服饰研究》《汉代物质文化资料图说》《中国古代铜镜》《中国近代史参考图录》《“一大”前后》三册、《吴虞日记》上下册等等，受到业内专家学者的普遍好评和广大读者的热烈欢迎。2003年，中国历史博物馆与中国革命博物馆合并组建中国国家博物馆，馆藏文物大幅度增加，迄今已达140万余件，年参观流量达到800余万人，成为名副其实的世界一流大博物馆。与此同时，如何深入发掘馆藏文物的历史、艺术及科学价值，让这些数以百万计、沉睡百余年的国宝说话，让文物活起来，讲好中国故事，传播好中国声音，既是我们面临的紧迫挑战，也是国家博物馆专家学者们义不容辞的学术任务和社会责任。

正是基于这一考虑，2003年以来，国家博物馆在原《中国历史博物馆馆藏文物研究丛书》的基础上，启动实施了《中国国家博物馆馆藏文物研究丛书》大型出版项目，努力在以下方面有所突破：其一，全面系统地整理展示馆藏中国古代文物精华，以图文并茂的形式，形象生动地记录华夏文明的悠久历史与文化传承，用直观的实物资料回答中华文化何以能够屹立世界东方5000余年而未中断这一历史命题；

其二，把资料性、学术性、普及性有机结合起来，如实反映国家博物馆学者整理研究馆藏古代文物的最新水平，进一步凸显国家博物馆作为国家历史文化基因库的重要地位，锻炼专家队伍，提升研究水平；其三，把深藏在文物库房里的各类代表性文物信息完整准确地公布于众，促进社会各界共享国博馆藏文物资料信息，推动学术界持续关注、积极参与国家博物馆馆藏文物研究，进而为持续不断推出馆藏文物展览提供强有力的学术支撑；其四，从古代物质文化的角度充分展示中华民族的悠久历史、源远流长的中华文明以及博大精深的中华文化，充分反映出中国古代优秀传统文化对世界文明发展的重要贡献。

自这一出版项目开始实施到现在，前后历时十余载，经过众多专家学者的不懈努力，已经完成了整套丛书的初步编纂，付梓出版工作亦实施过半，取得了令人欣慰的阶段性成果。接下来，国家博物馆的专家学者们将继续以严谨求实的治学态度，认真校改其余各卷，努力向学术界和广大读者奉献质量水平高、制作精美的优秀丰硕成果。习近平总书记在2013年8月19日召开的全国宣传思想工作会议上突出强调，宣传阐释中国特色，要讲清楚每个国家和民族的历史传统、文化积淀、基本国情不同，其发展道路必然有着自己的特色；讲清楚中华文化积淀着中华民族最深沉的精神追求，是中华民族生生不息、发展壮大的丰厚滋养；讲清楚中华优秀传统文化是中华民族的突出优势，是我们最深厚的文化软实力；讲清楚中国特色社会主义植根于中华文化沃土、反映中国人民意愿、适应中国和时代发展进步要求，有着深厚历史渊源和广泛现实基础。完成这样一套重要图书的出版任务，就是贯彻落实习近平总书记重要指示精神、服务社会主义文化强国建设、增强文化自信的具体实践，其学术价值和历史意义是不言而喻的。

回顾一百多年来中国国家博物馆文物的收藏历史与学术研究历程，我们既感自豪，更感幸运。生逢一个伟大的时代，遇上一个博物馆事业蓬勃发展的千载良机，我们应该有所作为，也一定能够有所作为。回首过去，珍惜现在，展望未来，我们不忘初心、牢记使命、执着前行。

前 言

中国国家博物馆副馆长　丁鹏勃

《中国国家博物馆馆藏文物研究丛书》是一套馆藏重要文物著录与专题研究相结合的学术研究图录。全书分甲骨、玉器、陶器、瓷器、青铜器、玺印、瓦当、铜镜、钱币、陶俑、佛造像、墓志、杂项、绘画、书法、古籍善本、明清档案、历史图片等卷，基本涵盖了中国国家博物馆馆藏文物的重要部分。

《瓷器卷》目前已经出版《商—五代》《明代》和《清代》三个分卷，《宋—元》分卷的问世使《瓷器卷》终成全璧。国家博物馆藏有瓷器约26万余件（套），其中宋至元代的瓷器约6100余件（套）。宋至元代是中国瓷器飞跃发展的时期，本卷精心挑选了有代表性的228件（套）瓷器，全面覆盖了当时的重要窑场，时代排序连续不断，清晰完整地展现了宋元时期中国瓷器制造业的发展。

辽、宋、西夏、金时期多个政权先后并立，战事频仍，但制瓷业仍有很大发展，呈现出遍地开花的景象，各区域又形成自己的特色。本卷中的钧窑天青釉碗、汝窑青釉洗、官窑粉青釉贯耳瓶、哥窑鱼耳炉、定窑白釉刻划莲纹大碗等体现了宋代五大名窑主要以造型和釉色取胜，温润雅致的陶瓷美学新境界；青釉刻花牡丹纹荷叶口尊展示了耀州窑以剔刻装饰见长，施釉极富玻璃质感的独特风格；梅子青釉弦纹贯耳壶釉色典雅丰润，造型和装饰化繁为简，是龙泉窑的巅峰作品；景德镇窑青白釉酒注、温碗和德化窑白釉长颈兽耳衔环注子代表了釉色润泽、胎质细腻的南方青白瓷的迅猛发展；磁州窑白地黑花鹭鸶莲池纹“张家造”椭圆形枕、吉州窑剪纸贴花折枝牡丹纹盏、建阳窑兔毫盏则是散发着浓烈的生活气息和鲜明个性，是当时产品形制多样、美观实用的民间窑系的代表；绿釉贴塑龙纹马镫壶、灵武窑褐釉剔刻花牡丹纹扁壶则是游牧民族将中原地区工艺与本民族特色相融合的典型作品。

元代的瓷业一方面部分窑场延续前代的生产，另一方面逐步形成以政府及区域需求为特色的新的生产方式。例如政府在景德镇设置浮梁瓷局，掌管瓷器烧制，专门烧制官府用瓷，促进了景德镇瓷业迅猛发展，使之逐渐成为全国制瓷中心。本卷在这个时期选取的景德镇窑青花云龙纹罐，色彩艳丽明快，时代气息浓郁，体现了当时已臻完备的青花烧制技艺；景德镇窑红釉执笏俑，将红釉、青白釉、褐釉三种高温釉施于一器，展现了高超的控温与烧造技巧；青釉刻划牡丹纹凤尾尊厚胎厚釉，雄浑敦厚，是元代龙泉窑的顶尖之作。

本书体例与丛书其他分卷基本一致，包括两个部分。一是图版和文字说明，图版包括文物的整体图片及必要的细部、纹饰和款识，最大程度展现文物的真实面貌；文字说明包括名称、时代、规格、来源等基本情况，还有对形制特征、纹饰特点、历史内涵等内容的描述，试图从多角度揭示器物的各类信息，阐释与之相关联的历史问题，是在前人研究成果基础上形成的新见。二是研究论文，系对本卷馆藏文物涉及的有关学术问题所作的专题研究，由馆内外瓷器专家执笔撰写。

中国国家博物馆通过《中国国家博物馆馆藏文物研究丛书》项目，对馆藏文物进行了全面清点、分类整理和系统研究。我们期待各卷的陆续问世能够让更多公众了解中国国家博物馆的馆藏，为更多学者提供学术参考，让人们通过这些文物承载的历史信息，记得起历史沧桑，看得见岁月留痕，留得住文化根脉，坚定我们的文化自信。

目 录

凡　例

一、本书为《中国国家博物馆馆藏文物研究丛书·瓷器卷》中的第二册，收录宋、辽、西夏、金、元瓷器计228件（套）。所选瓷器兼顾时代和地域，窑口覆盖全面。

二、本卷分为概述、图版及论文三部分。图版编排按照窑系和时代顺序，附文字介绍。

三、对有争议的学术问题，本书采用大多数研究者认可的观点。

从中国国家博物馆藏品看宋元时期制瓷业的发展

张　燕

历史上宋、辽、西夏、金、元王朝历时400年，中国大地上既有金戈铁马、沙场血战的厮杀，也有天下太平、百姓安康的局面。在战争与和平的交错发展中，社会经济及手工业的发展时快时慢，其中瓷业的发展既经历过毁灭性的打击，也有快速发展的兴旺时期，与社会大环境紧紧相连。中国国家博物馆收藏的瓷器品种丰富，涉及的窑场覆盖全面，时代排序没有缺环，可以清晰完整地展现宋、辽、西夏、金、元时期中国瓷器制造业的发展状况。

一、汝窑

汝窑瓷器产于北宋时期，是宋代五大名窑之首。为了寻找汝窑的烧造地点，研究古陶瓷的学者用了五十年的时间。1950年，故宫博物院专家陈万里先生首次发起调查汝窑窑址的工作。[1]1987年至2014年，河南省文物考古研究所对汝窑窑址进行了十余次考古发掘，发现了汝官窑瓷器的中心烧造区，有窑炉、作坊、水井、灰坑、过滤池、沉泥池等。[2]出土的器物造型非常丰富，多达四五十种，发现了许多传世品中所不见的造型和装饰，为全面认识、研究汝窑提供了重要的实物资料。

关于汝窑烧制的确切时间有几种说法。根据北宋人徐兢《宣和奉使高丽图经》的成书时间和书中的“汝州新窑器”一语，陈万里先生推断汝窑为宫廷烧制御瓷的时间在北宋哲宗元祐元年（1086）到徽宗崇宁五年（1106）的二十年间，后因京师自置官窑而被取代。叶喆民先生依据文献记载的宝丰及大营镇历史沿革，认为汝窑的鼎盛时期大体在宋元祐元年至宣和末年（1125年前）。河南省文物考古研究所在2000年6至10月的发掘中发现了一枚宋神宗年间的“元丰通宝”，为汝窑瓷器的时间上限提供了重要依据，由此推断汝官窑的创烧不会晚于宋神宗元丰年间（1078–1085），盛烧于哲宗、徽宗时期，与陈万里、叶喆民两先生的推断基本吻合。

汝窑产品多呈青蓝色，器壁轻薄，采用一器一匣裹足支烧的工艺，釉色悦人，不尚刻划。除裹足支烧外，也有垫烧。馆藏汝窑青釉洗（图1）施淡天青釉，青碧如水，呈半失透状。釉面有深浅不同的斜开片，器型简洁雅致，制作考究，体现了产品的官方特色。

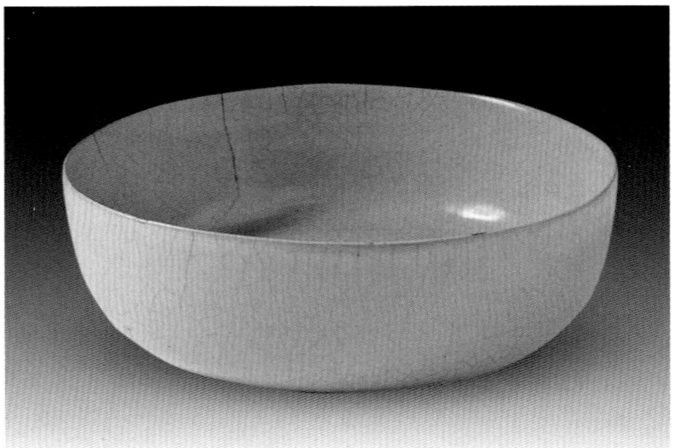

图1　汝窑青釉洗

宋人叶寘在《坦斋笔衡》中记载：“本朝以定州白磁有芒不堪用，遂命汝州造青窑器……政和间，京师自置窑烧造，名曰官窑。”[3]对于这段文献记载，研究者有不同的理解。部分研究者认为清凉寺汝窑是继定窑之后奉命烧造贡瓷的地方贡窑，也有研究者认为清凉寺汝窑即是北宋中央朝廷直接掌管的官窑。另有学者提出汝窑初期为贡窑，北宋末年为官窑。

二、定窑

定窑窑址位于河北省曲阳县灵山脚下的涧磁村、北镇、东燕川村、西燕川村一带。唐永贞元年（805）曲阳北岳庙的《唐恒岳故禅师影堂纪德之碑》上记有"冶将""冶副将""都知瓷窑"等与瓷窑管理有关的官职名称，由此可知定窑在晚唐时期就具有官作的性质。[4]从遗址发掘及历年墓葬、窖藏、塔基等古代遗址出土的定窑瓷器分析，可知定窑始烧于唐代中晚期，盛于北宋和金代，元代末年衰落。定窑瓷器的装饰手法多样，主要有刻花、划花、印花、剔花、塑贴等。北宋后期至金代，受周边窑场影响，定窑曾流行剔花工艺，通过剔除化妆土露出胎色而形成纹饰，此工艺的装饰效果是通过颜色的反差来突出纹饰，与单纯的刻划花相比，纹饰显得更加鲜明，馆藏定窑绿釉剔刻花牡丹纹腰圆形枕（图2）既保持了定窑精致秀美的特色，也有深浅色泽反差带来的醒目效果。

图2　定窑绿釉剔刻牡丹纹腰圆形枕

覆烧法是河北曲阳定窑的一项具有划时代意义的创新，组合支圈具有匣钵和垫饼的双重功能，既解决了器薄变形的问题，同时又提高了装烧量，极大地节省了窑室内的空间。覆烧法对北方窑场及江南地区青白瓷窑场的生产都有很大的影响。使用覆烧工艺后，胎体变薄，不再适用深剔刻，为此工匠们改用刻、划相结合的工艺，在坯体浅层用双刀锋刻划，刻线灵活，深浅有致，仍具有剔刻的立体感。这种刻、划相结合的装饰特点形成了定窑的独特风格。曲阳县灵山出产的高岭土，为优质制瓷原料，泥料炼制后可塑性好，烧成的瓷器致密，为刻划装饰技法提供了前提条件。馆藏北宋定窑白釉刻划花莲纹大碗（图3）型制虽大，但胎体较薄，难得的是碗内、外壁均刻划纹饰，烧制难度很大。

图3　定窑白釉刻划莲纹大碗

图4　定窑白釉刻划龙纹大盘

馆藏定窑白釉刻划龙纹大盘（图4），1985年吉林省农安县金代窖藏出土，窖藏出土有相同的龙纹大盘九件。盘内刻划一飞龙，龙的身躯布满大半个盘面，鳞甲清晰可辨，身躯矫健、气韵威猛，展现了定窑刻划工艺的精湛技法。金代定窑

图5　定窑白釉印花博古图盘

图6　耀州窑青釉刻花莲纹鼓形围棋盒

的印花工艺在南北方各窑场中具有领先地位，印花工艺较为简单，省工省时，产品规格一致，宜于大批量生产，花纹风格由疏朗变为细密。金代定窑白釉印花博古图盘（图5）凸起的细线将盘壁分成六格，每格内印有插在鼎、瓶、壶中的牡丹、莲花、菊花等花卉。纹饰虽浅但精致细腻，更难得的是将植物的花纹叶脉也呈现得十分清晰。

三、耀州窑

耀州窑位于陕西省铜川市黄堡镇，宋金时期为北方名窑。宋代的文献和笔记中，有较多关于耀州窑的记载，宋代的《清异录》《老学庵笔记》《清波杂志》等都记有耀州窑，但古人惜墨如金，记载得高度凝练、过于简略。五十多年来，几代考古工作者对耀州黄堡、立地坡、上店及陈炉等窑址进行了艰苦细致的田野发掘和研究，揭示出唐至明六个时代的文化层，弄清了耀州窑青瓷的发展轨迹。

耀州窑在唐代中期学习了越窑青瓷的生产工艺，五代时创烧出天青、淡天青釉瓷器，装饰方法逐渐摆脱对越窑的模仿，而根据本地胎土和釉料的特性，生产出以剔刻装饰见长的青瓷，形成了自己的独特风格。

宋代是耀州窑生产的鼎盛时期，釉色青绿泛黄，是为橄榄绿，极富玻璃质感，产品中最为世人称道的是刻划花和印花装饰的瓷器。馆藏北宋耀州窑青釉刻花莲纹鼓形围棋盒（图6），盒盖上刻莲花，运刀犀利潇洒，盖与盒近底处有两周凸起的鼓钉，鼓钉呈一朵朵五瓣小花状，施橄榄绿釉，釉面如冰似玉，质地纯净，具有“视其色，温温如也”“精比琢玉”的美感。北宋耀州窑青釉刻花牡丹纹荷叶口尊（图7）造型精巧秀美，施橄榄绿釉，凸起的花纹犹如冰雕，立体感强，是北宋刻花青瓷的代表作。

图7　耀州窑青釉刻花牡丹纹荷叶口尊

宋人王存《元丰九域志》载有“耀州华原郡土贡瓷器五十事”。宋神宗熙宁年间（1068-1077），耀州太守上表朝廷，由皇帝下诏册封耀州黄堡一带庇佑瓷业烧造的“土山神”为“德应侯”，这种册封在宋代文献中只见到耀州窑获得。在窑址发掘出土的标本中，有神宗“熙宁”和徽宗“大观”“政和”等年号的印花青瓷，与文献中耀州窑为宫廷烧制贡瓷的记载吻合。

金代耀州窑青瓷的生产仍具有一定的规模和较高的技术水平，翠青釉和月白釉较为流行。月白釉的黏稠度大，玻化程度低，釉层厚，有乳浊失透的质感，馆藏金代耀州窑月白釉三足炉（图8）质感如蜡，施釉厚，显得器型浑圆敦厚。

图8　耀州窑月白釉三足炉

金末至元，耀州窑产品走向多元化，白釉黑花瓷的产量不断扩大，青瓷生产已近尾声，产品粗糙，釉色偏黄呈姜黄色，印纹简单，到了元末传统耀州窑青瓷釉色不复存在。[5]

四、磁州窑

磁州窑窑场以观台窑、当阳峪窑为代表，分布在太行山麓及黄河两岸的河北、河南、山西、山东一带。因各地生产陶瓷的土质、原料的不同又各具特色，互相影响，既有鲜明的个性特征又有共同的总体风貌。宋、金、元时期的文献中对磁州窑记载很少，也少有文人学士们留下的诗句。明、清时期的陶瓷史料，对磁州窑的表述也是寥寥数语，充满了轻视与不屑。

磁州窑装饰技法丰富，有五十多种，分别为白地剔花、白地划花、篦划花、白地黑剔花、白地褐彩、白地红绿彩、黑釉剔花、黑釉凸线纹、黑釉铁锈花、三彩釉等。磁州窑瓷器的胎质较粗，为了烧出高质量的瓷器，工匠们将白色化妆土敷在坯胎上，绘画后再罩透明釉，烧制成白地黑花、白地褐彩等瓷器，从而弥补了胎土的先天不足。磁州窑并不是最早使用化妆土的窑场，但却是最多使用并加以推广、开拓化妆土技法的窑场。磁州窑的剔花、刻划花、白地黑花等品种都是在白色化妆土上施展，可以说化妆土是不可缺少的装饰前提。[6]没有白色化妆土，就不会有磁州窑的发展盛况。馆藏白地黑花鹭鸶莲池纹“张家造”椭圆形枕（图9），1955年陕西省西安市韩森寨出土，即为一件品相上佳的白地黑花枕。

图9　磁州窑白地黑花鹭鸶莲池纹“张家造”椭圆形枕

磁州窑绘画题材丰富，或描绘山川风光、花鸟鱼虫等，或神话传说、人物故事、吉祥图案等，画工能力很强。许多瓷器上还书写了诗词曲赋、民谣警句等，直白浅显，虽然错字、漏字等书写错误较多，却具有浓厚的乡土气息和市井风情。[7]

元末明初时磁州窑制瓷中心从漳河流域的观台逐渐转向滏阳河流域的彭城，窑址面积较宋金时期扩大了数十倍，出土器物品种丰富，大型器物的生产增多，产品趋向厚重，器型硕大、圆浑。1987年，中国国家博物馆水下考古中心在辽宁省绥中渤海海域发现了元代沉船，[8]沉船海域出水了瓷器613件，主要是磁州窑产品，例如白地黑花婴戏图罐（图10），是元代磁州彭城窑产品的代表作。

图10　磁州窑白地黑花婴戏图罐

五、钧窑

钧窑瓷器中心产区在河南禹州。钧窑青瓷从外观上看很特别，与其他瓷器釉面的质感非常不同，为蓝色乳浊釉，学名二液分相釉。钧窑的生产工艺以及铜红釉、铜红彩的应用，对南北方许多窑场产生了重要影响。钧窑瓷器分为钧民窑和钧官窑，钧民窑生产碗、盘、罐、瓶之类的日用类器物，而钧官窑生产陈设类器物，两者的造型和装饰风格有很大区别。

从历年的考古发掘资料看，北宋晚期钧釉瓷器就已出现，主要生产小件器物。金代是钧窑的繁荣时期，产品种类丰富、产量巨大。馆藏钧窑天青釉碗（图11），1951年河南白沙水库窖藏出土。同窖藏出土12件瓷器曾被认为是北宋晚期产品，但参照近年来不断增加的考古新资料，学者倾向认为是金代产品。

元朝统一中国后，钧窑继续生产前朝的传

图11　钧窑天青釉碗

图12　钧窑天蓝釉贴花兽面纹螭耳连座瓶

统品种，带红斑、紫斑的器物增多，还烧制了许多大型器物，具有浑圆厚重的特点。钧窑天蓝釉贴花兽面纹螭耳连座瓶（图12），1970年冬内蒙古呼和浩特市东郊白塔村出土，同时出土的钧窑香炉上刻有“己酉年九月十五小宋自造香炉一个”。元代只有两个己酉年，一是1249年，一是1309年，推测此为后一个己酉年的可能性更大。此时元代建立统一政权已三十年，和上一个己酉年相比政治稳定，制瓷业得到较快的发展，具备了烧制出大型精致瓷器的可能。

钧官窑瓷器造型庄重，制作考究，均为陈设类器物，应是按宫廷设计进行生产的，产品属于非商品性质。官钧以花盆、盆托等最具特色，器物的底部多刻有从一到十的数字，是同类制品从大到小的编号，有的底部还刻有宫殿名称。钧官窑的突出成就是高温铜红釉烧成技术的成熟，最著名的是海棠红和玫瑰紫。馆藏钧窑玫瑰紫釉海棠式花盆（图13），造型端庄，内施天蓝色釉，外壁为窑变玫瑰紫釉，外底刻有数字“三”和“重华宫”“金昭玉翠用”八字，玫瑰紫釉上有密集的蚯蚓走泥纹，为典型钧官窑器物。

图13　钧窑玫瑰紫釉海棠式花盆

20世纪50年代，陈万里等专家提出了钧窑创烧于金代的观点，认为钧窑“是在北方金人统治之下以及元代的一百余年间的产物”。[9]钧瓷存世数量众多，但在金晚期以前的纪年墓葬和其他类型的纪年遗存中不见踪影，既然“钧官窑”是在钧民窑的基础上发展而来，那么“钧官窑”瓷器的烧造年代不可能早于金代。1974年至1975年，考古人员对禹县钧台窑址进行了科学发掘，发掘者推断该窑是北宋晚期烧造宫廷用瓷的窑场。[10]2004年，考古人员对钧台窑遗址进行了抢救性发掘，发掘者提出了遗址属于元代的观点。还有研究者指出，北宋时期的文献中没有任何关于钧窑的直接记载，清人“宋钧”之说系从明末文献中衍生而来，从器型比较看与明代器物有较多共性。[11]毫无疑问，钧官窑瓷器应是官方窑场或由官方组织生产的，属官办窑场或“地方贡窑”，但制作年代存在争论，目前尚无可靠的纪年资料能够证明钧官窑的确切年代，而考古新材料和文献记载趋向于钧官窑的制作年代为元至明初。为谨慎起见，目前本书仍将钧官窑列为北宋，但标“？”以示不确定。

六、南宋官窑

南宋朝廷沿袭北宋遗制在都城临安府（今浙江杭州）设窑烧造宫廷用瓷，世称南宋官窑。按《坦斋笔衡》的记载，南宋官窑有两个，一是“袭故都遗制”的内窑，因位于修内司，故称“修内司官窑”；一是“后于郊坛下别立”的“新窑”，即“郊坛下窑”。考古人员对杭州市乌龟山郊坛下的官窑遗址进行过两次科学发掘，出土了窑炉、窑具、制瓷作坊和大量瓷片，是没有争议、公认的宋代官窑。杭州万松岭老虎洞窑遗址发现于1996年，当地考古工作者对其进行了两次大规模的科学发掘，发掘出龙窑和作坊遗址，大量青釉瓷片、素烧坯及掩埋废品的瓷片坑。大多数研究者认为老虎洞窑址就是文献中所说的“修内司官窑”，但仍存在一些未解问题。

官窑器的造型有贯耳瓶、直颈瓶、三足炉、折沿盆、洗、杯、盘、碗等，出土器物大多采用模制成型，制作十分精细、规范。南宋后期官窑青瓷的烧造追求玉质感，其制品从薄釉走向厚釉，将素烧胎多次上釉，两次烧成，制造出薄胎厚釉青瓷。由于多次施釉，釉层中攒聚微小如珠的气泡，被称为“聚沫攒珠”，对光波起到折光散射的作用，呈现出温润的玉质感。南宋官窑粉青釉套盒（图14），五瓣形花口，釉色粉青，视之如玉如脂，釉面有层层叠叠的冰裂纹，胎料的加工非常精细，因加入紫金土的缘故，口沿釉薄处呈灰色，底足露胎处呈褐色。单一柔和的釉色与简单的线条，体现了南宋官窑瓷器以造型见长、以釉色取胜、不事雕琢的古朴风格。

图14　官窑粉青釉套盒

七、哥窑

对于哥窑的争议，已经存在很久了。哥窑有“传世哥窑”与“龙泉哥窑”之说，两者的胎釉、工艺方面既有相似之处、又有不同之处。明代陆深《春风堂随笔》记载：“哥窑，浅白断纹，号百圾碎。宋时有章生一、生二兄弟，皆处州人，主龙泉之琉田窑，生二所陶青器纯粹如美玉，为世所贵，即官窑之类，生一所陶者色淡，故名哥窑。”[12]

龙泉大窑、溪口、瓦窑路窑生产的黑胎青瓷，特征及烧造年代均与《春风堂随笔》所记载的“章生一”瓷器吻合，有研究者认为龙泉黑胎青瓷就是古文献记述的“哥窑”。另有学者认为龙泉的黑胎青瓷是仿南宋官窑的作品，与杭州郊坛下官窑相似。[13]1996年，杭州市万松岭老虎洞窑址的元代地层中，出土了大量带八思巴文的窑具以及与传世哥窑相似的器物，窑具上的八思巴文对应的汉字可能是“章（张）记”。发掘者称：“大量的考古发掘资料说明，杭州老虎洞窑址不但是一个与南宋官窑密切相关的窑场，而且还是元、明、清等文献记述中的‘哥窑’之产地。”[14]大多数研究者认为，典型哥窑器应在元代中晚期至明代早期，不排除传世哥窑中有部分器物是明清时期景德镇窑或其他地区仿烧的。

“传世哥窑”是指现藏于故宫博物院、国家博物馆及上海博物馆等少数文博机构收藏的米黄釉及青釉开片瓷器。传世哥窑的特点是：釉色为土黄、青黄、月白、油灰、粉青等，通常釉层很厚，釉内含有较多气泡，釉面开片大小不一、深浅不一，有“百圾碎”“金丝铁线”之说；胎色呈灰色、深灰和土黄色，有的呈“紫口铁足”。馆藏哥窑鱼耳炉（图15）矮身阔腹，腹两侧各有一鱼形耳，施米黄釉，釉面密布深浅两色细碎片纹，造型源于商周时代青铜器簋的样式，胎骨虽厚重，却精致规整。从整体风格看，该鱼耳炉接近元代甚至明初风格。因古代文献和考古出土的确凿证据不足，哥窑尚存许多疑问，研究者持若干不同观点，目前本书暂将哥窑瓷器列为宋元。

图15　哥窑鱼耳炉

八、青白瓷

青白瓷的起源问题，有景德镇窑首创和多元论两种观点。青白瓷是在唐代至五代时产生的，9至10世纪北方窑场生产的白瓷已经普及到人们的日常生活中，邢窑白瓷“天下无贵贱通用之”。白瓷的生产技术逐渐向南方传播，江南地区的窑场在烧制白瓷时，出现了新的釉色品种，繁昌窑、景德镇窑、湖泗窑均在五代时创烧出早期青白瓷。[15]

景德镇的制瓷历史十分久远。《浮梁县志》载：“新平冶陶，始于汉世。”《景德镇陶录》记载该镇“水土宜陶，陈以来土人多业此”。从考古资料可知，景德镇地区的瓷器生产在北宋时得到快速发展，坯体加工精细，烧成后胎薄体轻，釉呈淡雅的青白色调，产品日趋精美。宋太宗淳化元年（990）之前，汴京建隆坊宫廷的“瓷器库中”已有景德镇（饶州）瓷器。北宋元丰五年（1082），官府在景德镇设“瓷窑博易务”，专司瓷器交易及其税收等事宜。[16]南宋人蒋祈《陶记》记载了南宋时景德镇窑业的发达与青白瓷的精美：“景德陶，昔三百余座。埏埴之器，洁白不疵，故鬻于他处，皆有饶玉之称。其视真定红磁、龙泉青秘，相竞奇矣。”

景德镇生产的青白瓷除日常生活用器碗、盘之外，还有酒具、茶具、艺术陈设器、冥器神煞和宗教造像等。装饰手法有刻划花、印花、剔花、镂空、贴塑、釉上加彩等。如馆藏景德镇窑

图16　景德镇窑青白釉堆塑瓶

青白釉堆塑瓶（图16）盖顶一展翅立鸟，长颈上贴塑凤鸟、奔马、巨龙与12尊立俑，装饰繁复，手法集捏塑、模印、刻划为一体，为同类瓶中的精品。1983年，江苏省镇江市登云山南宋墓出土的青白釉酒注、温碗（图17），型制规整、釉色青白润泽，胎质细腻，酒注与温碗的外壁均刻莲瓣纹，是一套精美难得的酒具。

烧制青白瓷的窑场，多集中交通便利的皖南、赣北、江浙、鄂东、福建、广东等地区。在烧制青白瓷的众多窑场中，景德镇窑逐渐成为青白瓷生产最兴旺的地区，技术领先，产品精致，周边窑场纷纷仿效，形成了以景德镇窑为中心的“青白瓷窑系”。近几十年来的考古资料表明，全国近20个省、市、自治区都有两宋、辽、金时期的青白瓷遗存，反映了青白瓷流通地区的广阔。五代至元，青白瓷从起源到衰落的四、五百年间，大量产品销往海外。海外贸易带来的丰裕收入，使南宋成为一个富庶的朝代。德化窑因具有邻近泉州港的地理优势，大量产品从该港运往海外。2002年，中国国家博物馆水下考古队在“南海一号”沉船一个受损的舱体中打捞出瓷器、金器、铜器、铁器、银锭等文物4500多件，以瓷器为主，有龙泉窑、德化窑、磁州窑、景德镇窑等著名窑场的瓷器。沉船中的德化窑白釉长颈兽耳衔环注子（图18）和德化窑白釉莲纹四系罐（图19）釉质滋润、洁白细腻，胎釉的白度已达到甚至超过许多北方白瓷。

图17　景德镇窑青白釉酒注、温碗

图18　德化窑白釉长颈兽耳衔环注子

图19　德化窑白釉莲纹四系罐

九、龙泉窑

宋元时期，龙泉窑在南方众多民间窑场中，釉色之美、产量之大令世人瞩目。从文献和目前掌握的窑址资料看，龙泉窑始自北宋早期，[17]师承越窑，也受到了婺州窑、瓯窑的影响，并不断创新，北宋中期自成体系，历经多年的发展，成为“民窑之巨擘”。龙泉窑早期产品为厚胎薄釉，釉色淡青或青中泛黄，透明度高、玻璃质感很强。南宋中期开始，龙泉窑改进了釉料配方，将石灰釉改为石灰碱釉，使得青釉厚而不流，釉光柔和。[18]并将传统的一次施釉改为多次上釉，增强釉面厚度和丰润感，迥异于之前的玻璃质薄釉，把青釉的韵味发挥到了极致，其粉青釉和梅子青釉堪称青瓷之巅。器型与工艺借鉴了南宋官窑工艺，与南宋官窑产品非常相似。

馆藏龙泉窑粉青釉鬲式炉（图20），施粉青釉，莹润肥厚，口沿镶铜口，三条凸棱从肩腹部延伸至足；造型仿商代陶鬲，是高档陈设瓷，兼具祭器、礼器的功能，代表了龙泉窑的最高水平。龙泉窑梅子青釉弦纹贯耳壶（图21），釉面如凝脂，呈半透明状，舍弃繁复的纹饰和华丽的色彩，仅仅是肩腹部有几根弦纹装饰，完全以釉色和造型取胜。龙泉窑南宋时生产的黑胎青瓷，在工艺技术和产品风格等方面都和南宋官窑、哥窑非常相似。2011年，考古工作者发掘了小梅镇瓦窑路窑址，这也是迄今为止发现的首例南宋时期烧制黑胎产品的窑址，有研究者认为南宋官窑的烧造工艺、窑炉砌建技术有可能来自龙泉，或者带有龙泉元素，因此龙泉黑胎青瓷存在着早于南宋郊坛下官窑的可能性。[19]

图20　龙泉窑粉青釉鬲式炉

图21　龙泉窑梅子青釉弦纹贯耳壶

元代龙泉窑烧造地域迅速扩大，瓯江流域建立了更多的窑场，产量和出口量激增，超过了宋代，是龙泉窑的极盛时期。窑炉的设计更加合理，在成型技术上大件器物烧制成功，装饰技法有刻、划、印、贴、镂雕、堆塑、釉面开光、釉上贴花等，开始出现露胎装饰，突破了单一色釉的装饰，元代龙泉窑青瓷釉质与制作工艺虽没有南宋时精致，但生产能力却超过以往任何一个时代。1970年内蒙古呼和浩特市东郊白塔村出土龙泉窑青釉刻划花牡丹纹凤尾尊（图22），厚胎厚釉，釉色葱绿，器形硕大，雄浑敦厚，是元代龙泉窑的顶尖之作。

图22　龙泉窑青釉刻划牡丹纹凤尾尊

十、吉州窑

宋代吉州窑吸取了南北各名窑之长，得以快速发展，名扬天下。吉州窑烧制的品种很多，装饰技法多样，有洒釉、贴花、刻花、彩绘和堆塑等，创烧出黑地木叶纹、玳瑁斑、鹧鸪斑等新品种。吉州窑黑釉瓷器采用了当地含长石的瓷土及伴生的铁矿石，还掺入棕榈叶、棕榈毛、蒲草、芝麻梗、竹子等植物烧成的草木灰，使釉汁黏度大，在高温烧制时不垂流，为种类繁多的黑釉衍生品种奠定了基础。吉州窑剪纸贴花多运用在碗盏内壁，纹饰醒目，色泽鲜明，制作方法分为胎上贴花与釉上贴花两种。吉州窑剪纸贴花折枝牡丹纹盏（图23）是一件釉上贴花制品。制作时先施黑色底釉，然后贴剪纸纹样，最后施黄、白色的面釉。吉州窑黑釉梅瓶（图24）为胎上贴花，将剪纸纹样直接贴在未施釉的胎体上，再施黑釉，然后揭去剪纸，加以简单刻划和彩绘，烧制处窑后纹样醒目，看上去颇像剔釉露胎瓷器。

图23　吉州窑剪纸贴花折枝牡丹纹盏

图24　吉州窑黑釉梅瓶

玳瑁釉则是以黑、黄、白色三种釉色仿玳瑁甲壳，先在胎表施一层黏度高的黑色底釉，然后用甩、洒、浇等手法，施黏度低的黄、白色面釉，在烧制过程中，面釉产生流淌、扩散、交融等变化，生成了形状各异、难以预料的斑纹。吉州窑本地瓷土质量不高，因此瓷器的胎质疏松，粗看似陶，强度不够，易于破碎，只有少量器物胎质洁白致密，远远比不上同时代的其他窑场，但因其产品的多样性和美观实用深受百姓喜爱，产量很大，成为宋元时期的名窑。

十一、建窑

宋代建窑烧制出别具特色的黑釉茶盏，深受皇室、文人墨客、市井百姓的喜爱。宋代饮茶方式与唐代的煎茶有很大不同，不再往茶汤中加入香料和调味品，讲究欣赏茶叶的原汁原味。皇室崇尚品饮，建立了贡茶制度，为挑选贡品、评比茶的品质，斗茶之风由此兴起，建窑黑盏受到斗茶者的青睐。建窑黑釉釉色黑而润泽，釉汁垂流厚挂，有时在碗底凝聚成珠。兔毫纹是建窑最为流行的品种，黑色的釉中显露出细密下垂的筋脉，形似兔子身上的毫毛纤细柔长，故而得名。馆藏建阳窑兔毫盏（图25）因胎中含铁量高而呈黑灰色、紫黑色，且胎体厚实、有许多沙粒，虽然粗糙，但烧结致密、坚硬如铁。建窑的出现，把黑釉瓷器的生产推向一个高峰，各地窑场纷纷仿制建窑茶盏，形成了庞大的建窑系。

图25　建阳窑兔毫盏

十二、辽瓷

辽（契丹）王朝与五代共始，和北宋同终，曾雄踞于长城内外，占有中国半壁河山。文献中几乎不见有关辽代陶瓷的记载，然而随着考古资料的丰富，在内蒙古、辽宁、河北、吉林、北京的辽墓、辽塔、窖藏及窑址中出土了不少辽代陶瓷器，我们对辽代陶瓷的认识不断深化。辽代陶瓷器的器形和纹饰既受来自中原的唐文化、宋文化影响，也受到长城内外、西域诸国、突厥和中亚风格的影响，呈现出多元性。辽瓷在造型上可分为两大类，第一类为碗、盘、杯、注子等中原传统器型，主要为汉人和渤海人使用；第二类有马镫壶、凤首瓶、鸡腿瓶、长颈瓶、穿带壶、方碟、海棠长盘等，主要为契丹人使用。

辽瓷中有许多细高形状的瓶体，如绿釉凤首瓶（图26）、白釉剔刻花盘口长颈瓶（图27）、鸡腿瓶等，为方便液体的灌装和倒出，瓶口多呈盘形或杯形。内蒙古克什克腾旗二八地一号辽墓石棺内绘有契丹妇女背水图，是长颈瓶用途

图26　绿釉凤首瓶

图27　白釉剔刻花盘口长颈瓶

的真实写照。辽瓷中最具特色的是马镫壶（又称鸡冠壶、皮囊壶）。马镫壶可分为穿孔式和提梁式两大类，穿孔式又可分为扁身单孔式与扁身双孔式两个系列，每个系列下又可再细分。单孔式与双孔式有一段共存期。马镫壶常仿皮革容器的质感，特意制作出针脚、皮条、皮扣等凸棱。辽代瓷器质量精粗不一，精者胎质细腻、釉色光洁明亮，粗者胎松釉糙。馆藏绿釉贴塑龙纹马镫壶（图28），壶身两面贴塑团龙和火珠，壶身仿皮页缝合，将皮质感精细地表现出来，壶身施绿釉，釉色艳丽，是辽代中期马镫壶中的上品。

图28　绿釉贴塑龙纹马镫壶

图29　灵武窑褐釉剔刻花牡丹纹扁壶

十三、西夏瓷

1038年，党项人李元昊建国称帝，宋人称之为“西夏”，其鼎盛时疆域达83万平方千米，“三分天下居其一，雄居西北两百年”。西夏建国后，由游牧文化逐渐过渡到了农牧并重，文化、政治、经济都得到了发展，商业贸易日益繁荣，制瓷业也快速发展。

目前发现的西夏窑址有：1.磁窑堡窑，出土物以白釉和黑釉瓷为最多，与山西瓷器的风格十分相近。[20]2.回民巷窑，出土瓷器以白、黑、褐、青、姜黄釉为主，还有不少印花碗盘，装饰风格受陕西耀州窑的影响。[21]3.缸瓷井窑，位于西夏王陵的东侧，主要生产板瓦，专为皇陵建造而设置。4.贺兰山贵房子窑，建在贺兰山的山谷中，精细白瓷与宋金时期的定窑相比毫不逊色，应是专为皇室烧造。另外贺兰山中的插旗沟窑也具有相同的官方性质。[22]5.甘肃武威古城西夏瓷窑址。西夏瓷窑的烧造方法有支钉支烧、一匣一器烧造、一匣多器仰烧、顶碗覆烧、芒口对烧、搭烧等。

扁壶是党项人创造的最具民族特色的器物，宁夏海原县征集的灵武窑褐釉剔刻花牡丹纹扁壶（图29），卷唇小口束颈、圆形扁腹。壶身施褐釉，剔刻折枝牡丹，背面弧度平缓，既可平放，又有双系或四系穿绳携带，可吊挂在马背上。灵

图30　灵武窑黑釉剔刻花牡丹纹经瓶

武窑黑釉剔刻花牡丹纹经瓶（图30）造型硬朗洒脱，剔花纹饰醒目，大面积的剔地在胎体上形成粗糙的肌理，粗犷刚劲。考古发掘和研究表明，西夏瓷器生产深受中原北方诸窑系的影响，胎釉虽然较粗糙，但其独有的民族特色，是其他窑场不能替代的。

十四、元青花

青花瓷最早出现于唐代巩县窑，1975年，扬

州江苏农学院基建工地出土一件蓝色花纹的枕片。1983年，又在扬州市区的基建工地发现了类似的蓝花瓷片14块。成熟青花瓷则出现于元代，青花瓷融合了历代瓷器烧制的多种技艺，包括唐三彩中钴蓝的运用，唐宋时期长沙窑、磁州窑、吉州窑釉下彩绘瓷的出现和成熟，以及景德镇窑青白瓷的大量烧制，这些都为青花瓷的出现奠定了先期条件。

1980年，江西省高安县元代窖藏出土瓷器二百余件，轰动一时。其中元代青花瓷器19件。因窖藏瓷器异常精美，绝非平民百姓所有，其主人被认为可能是路、府、州、县的“达鲁花赤”或本地籍朝官。其中的青花蕉叶纹花觚（图31）1989年调拨我馆，觚身饰蕉叶纹、仰莲纹、番莲纹等，青花艳丽明快，有黑色铁锈斑，凹陷明显。青花云龙纹罐（图32）呈鲜丽的靛青色、浓艳深沉，并带有黑褐色较光润的斑点，青料积聚处有

图31　景德镇窑青花蕉叶纹花觚

图32　景德镇窑青花云龙纹罐

蓝黑色或蓝褐色斑点显现出“锡光”，具有元青花的典型特征。元青花的胎质坚致，与当时的坯土细腻洁白有极大关系。

元代中后期，景德镇青白瓷渐衰，青花瓷器取而代之，成为中国瓷器生产的主流产品。元代将青花瓷器作为外销产品并大量生产，现藏于伊朗德黑兰阿迪毕尔寺及土耳其伊斯坦布尔托普卡帕博物馆的大批青花瓷器，都是元代生产的外销瓷器中的精品。元代青花瓷器在清代以前的文献中记载很少，直至民国时期，人们对元青花的认识也不多。最早对元青花进行深入研究的竟然是两位外国人——英国人霍布逊和美国弗利尔博物馆的波普博士，他们的研究成果至今对我们有重要的意义。近六十年来国内陆续出土多件元代青花瓷器，使人们对元青花的认识不断加深。

元代后期，随着大一统局面的稳定和南方经济的恢复、发展，景德镇制瓷业进入一个辉煌时期，不但创烧出卵白釉、青花瓷、釉里红等品种，也成为全国的制瓷中心。

[1] 汪庆正：《汝窑的发现及其相关问题》，《中国古陶瓷研究》第一辑，1987年。

[2] 郭木森、赵文军：《汝官窑瓷器烧造区找到了》，《中国文物报》2000年10月18日。

[3] （宋）叶寘：《坦斋笔衡》，涵芬楼本《说郛》卷一八。

[4] 王丽敏等:《曲阳发现〈唐恒岳故禅师影堂纪德之碑〉》,《文物春秋》2009年第6期。

[5] 薛东星:《耀窑青瓷历史地位之初见》,见《中国耀州窑·国际学术讨论会文集》,三秦出版社,2005年。

[6] 马忠理:《磁州窑器物的造型和装饰艺术及其考古分期变化》,见《中国磁州窑》,河北美术出版社,2009年。

[7] 郝良真、赵学锋、马小青:《磁州窑古瓷》,陕西人民美术出版社,2004年。

[8] 张威主编:《绥中三道岗元代沉船》,科学出版社,2001年。

[9] 陈万里:《中国青瓷史略》,见《陈万里陶瓷考古文集》,紫禁城出版社,1997年。

[10] 赵青云:《河南禹县钧台窑址的发掘》,《文物》1975年第6期。

[11] 深圳市文物考古鉴定所:《"官钧"瓷器研究》。

[12] (明)陆深:《春风堂随笔》,《说郛续》卷二〇。

[13] 冯先铭:《哥窑问题质疑》,《故宫博物院院刊》1981年3月。

[14] 杜正贤:《杭州老虎洞窑址发掘情况简介》,见《南宋官窑与哥窑——杭州南宋官窑老虎洞窑址国际研讨会论文集》,浙江大学出版社,2004年。

[15] 黄义军:《宋代青白瓷的历史地理研究》,文物出版社,2010年。

[16] 《宋史》卷一八六《食货志》,中华书局,1985年。

[17] 任世龙:《论龙泉窑的时空框架和文化结构》,见《龙泉窑瓷器研究》,故宫出版社,2013年。

[18] 叶喆民:《中国陶瓷史纲要》,轻工业出版社,1989年。

[19] 沈岳明:《"制样须索"龙泉窑》,《文物天地》2016年第7期。

[20] 中国社会科学院考古研究所编著:《宁夏灵武窑发掘报告》,中国大百科全书出版社,1995年。

[21] 杜玉冰等执笔:《宁夏灵武市回民巷西夏窑址的发掘》,《考古》2002年8期。

[22] 张燕:《贺兰山贵房子窑》,《国家博物馆馆刊》2011年第9期。

参考文献

一、古籍

(宋)苏轼:《苏东坡集》,商务印书馆,1933年。

(元)刘祁:《归潜志》,中华书局,1983年。

(元)孔齐:《静斋至正直记》,粤雅堂丛书本。

二、专著

李刚:《古瓷谈荟》,浙江人民美术出版社,2008年。

李红军:《辽代陶瓷》,江西美术出版社,2003年。

穆青:《定瓷艺术》,河北教育出版社,2002年。

叶麟趾:《古今中外陶瓷汇编》,北平文奎堂书庄,1934年。

叶佩兰:《元代瓷器》,九州图书出版社,1998年。

叶文程、林忠干:《建窑瓷鉴定与鉴赏》,江西美术出版社,2000年。

中国硅酸盐学会编:《中国陶瓷史》,文物出版社,1982年。

朱伯谦:《龙泉窑青瓷》,台北艺术家出版社,1998年。

三、论文

陈万里:《汝窑的我见》,《文物参考资料》1951年第2期。

冯先铭:《河南省临汝县宋代汝窑遗址调查》,《文物》1964年第8期。

郭木森:《汝州市张公巷瓷器初步研究》,见《北宋汝官窑与张公巷窑珍赏》,长城出版社,2009年。

亢艳荣、郎付海等:《安徽繁昌柯家冲窑遗址2013—2014年发掘简报》,《文物》2016年第3期。

李辉炳:《宋代官窑瓷器之研究》,见《李辉炳陶瓷论集》,故宫出版社,2013年。

李民举:《宋官窑论稿》,《文物》1994年第8期。

吕成龙、丁银忠:《略谈宋代官窑瓷器研究中存在的问题》,《故宫博物院院刊》2010年第5期。

秦大树、赵文军、徐华烽:《河南禹州闵庄钧窑遗址发掘取得重要成果》,《中国文物报》2012年3月2日。

叶喆民:《钧汝二窑摭遗》,见《河南钧瓷汝瓷与三彩——中国古陶瓷研究会中国古外销陶瓷研究会1985年郑州年会论文集》,紫禁城出版社,1987年。

余家栋、陈定荣:《江西吉州窑遗址发掘简报》,《考古》1982年第5期。

周丽丽:《有关龙泉窑两个问题的再认识》,见《龙泉窑瓷器研究》,故宫出版社,2013年。

禚振西:《耀窑青瓷历史地位之初见》,见《中国耀州窑国际学术讨论会文集》,三秦出版社,2005年。

1. 汝窑青釉洗

北宋

高5.2厘米　口径16.7厘米　底径13.1厘米

直口，内底平坦，腹壁直，底有五个细小支钉痕，胎色灰。器型简洁雅致，通体施淡天青釉，色彩淡青泛蓝，呈半失透状。釉面有细碎开片，深浅不同的斜开片如同片片鱼鳞，故有“鱼鳞纹”“蟹爪纹”之称。汝窑造型典雅，胎体厚薄均匀，釉面大多呈淡天青色。窑具和模具十分考究，体现了官方背景，其烧造工艺代表了北宋后期青瓷烧造的最高水平。从汝窑遗址出土的器物和钱币判断，汝窑开始烧造时间不晚于宋神宗元丰年间（1078–1085），停烧于徽宗年间，时间跨度20–40年，后因京师自置窑而取代，因此流传下来的成品非常少。

宋人叶寘在《坦斋笔衡》中记载：“本朝以定州白磁有芒不堪用，遂命汝州造青窑器……政和间，京师自置窑烧造，名曰官窑。”由于对这段文字的不同理解，并结合目前已获知的考古资料，研究者形成了两种观点，一种观点认为汝窑是奉命烧造御用瓷器的地方贡窑，另一种观点则认为清凉寺汝窑是中央朝廷直接掌管的官窑。

2. 汝窑青釉镶铜口洗

北宋

高3.5厘米　口径13.2厘米　底径9.3厘米

口沿镶铜口，浅腹，圈足窄而外卷，处理得非常精致。通体施天青釉，青中泛蓝，釉色宁静柔美。底有三个芝麻粒般大小的支钉痕，从支钉的断面可看到，胎质细腻呈香灰色。汝窑使用裹足满釉支烧工艺，支钉制作得精致小巧，一丝不苟，烧成后钉痕细小如芝麻，正如明代高濂在《遵生八笺》中所述“底有芝麻花细小挣钉”。该洗的底部刻小篆“乙”字，是清代乾隆朝将瓷器定级、分类时所刻，刻线内描红。

Y657

3. 定窑白釉刻划萱草纹碗

北宋

高6.1厘米　口径21.4厘米　足径6.6厘米

葵口，口沿微侈，弧腹圈足，覆烧。通体施白釉，釉色莹润。口沿有一道很细、几乎不被察觉的无釉涩圈，能将涩圈一丝不苟做得如此精细唯有定窑。碗内刻划萱草纹，双刃刀具刻划出的萱草流畅灵动。萱草又名“忘忧草”，古时游子远行前，会在母亲房前种植萱草，以望减轻父母对儿女的思念。唐诗中有“萱草生堂阶，游子行天涯。慈母倚堂门，不见萱草花”的诗句。因萱草的花形枝叶清丽雅致，寓意忘忧解愁，是宋代瓷器中的常见纹饰。

4. 定窑白釉刻划莲纹碗

北宋

高4.1厘米　口径16厘米　足径3.5厘米

1958年河南省安阳宋墓出土

口沿有很细的刮釉涩圈，斜壁，圈足，覆烧。碗形如同一顶倒置的斗笠。胎体轻薄，釉质白而莹润。碗内刻划莲纹。定窑在使用覆烧法后，胎体变薄，剔刻工艺不再适用，更多的是在胎体表层刻划并用。刻划时多为双刀锋，刻划线一粗一细，灵活生动。

5. 定窑白釉印花双鱼纹盘

北宋

高4.2厘米　口径21.7厘米　足径7.2厘米

侈口，弧腹，圈足。器型轻盈秀丽，修胎精细。釉色白中泛黄，莹润光洁，口沿涩圈无釉、圈足满釉，是为覆烧。盘内刻划两尾鱼，寥寥数刀，几根线条，犹如水波荡漾，鱼游其间，体现了定窑工匠高超的技法。北宋至金是定窑的鼎盛时期，胎料经过精细加工质量非常好，烧窑温度多在1300℃以上，用氧化焰烧成，烧出的瓷器强度高，透明度好，釉色白中泛黄，呈现出象牙般的质感。

6. 定窑白釉印花鱼藻纹镶铜口大盘

北宋

高5.9厘米　口径30.2厘米　足径13.7厘米

口沿镶铜口，浅腹圈足，覆烧。通体施白釉，外壁有垂釉如同泪痕。盘内饰含苞与盛开两种形态的莲花，间以仰覆的莲叶和水藻；盘心饰两条鳜鱼在莲叶间游动，呈现出“莲叶何田田，鱼戏莲叶间”的景象。印花纹饰虽浅却十分清晰，无虚化和模糊现象。该盘器形和釉色俱佳，制作精细，应是当时富贵人家使用的器物。

覆烧工艺是北宋时定窑首创，提高了产量，解决了产品易变形的问题，但缺点是口沿刮釉形成芒口，进餐时有不适感，为了弥补这一缺陷，定窑工匠遂在芒口处包镶铜、银或金质的边圈。该盘尚有北宋时包镶的铜口，铜口与瓷的弥合度很高，以手抚之，十分牢固。

7. 定窑白釉刻划莲纹大碗

北宋

高15.5厘米　口径31.8厘米　足径15.3厘米

芒口深腹，玉环形圈足，覆烧。胎质细腻，釉色莹润。碗外壁饰四层莲瓣纹，内壁刻划莲花纹，硕大的花头与细长的枝条、翻卷的叶片，正是“莲花复莲花，花叶何稠叠”的写照。此碗型制虽大，但胎体较薄，尤为难得的是碗的内外均刻划纹饰，制作时要求工匠对胎体的干湿度、下刀的力度都要拿捏得恰到好处，制作难度很大。

8. 定窑白釉碗

北宋

高8.1厘米　口径10.8厘米　足径4.9厘米

芒口微敛，直壁筒腹，环形圈足。通体施白釉，釉色泛微黄，釉面莹润、光素无纹。内壁可见工匠拉坯时留下的指痕。该碗腹深容量大，十分实用，可惜碗盖已失。盖碗是唐宋时期民间百姓的日常食具，南北方各窑场多有烧制。

9. **定窑白釉戳印折枝花纹枕**

北宋

高12.6厘米　长21.2厘米　宽17.5厘米

传河北省石家庄市北郊陈村出土

长方形，枕面微凹，枕壁向下内收，平底。灰白胎，细腻坚致。右侧上方有一圆形气孔。枕面戳印九朵菊花，呈菱形排列，四周边饰为卷草纹。制作时先在半干的坯胎上戳印花纹，然后将褐色颜料填入凹陷之处，使花纹在烧制后变得醒目。

10. 白釉高足尊

北宋

高10厘米　口径11.8厘米　足径6厘米

敞口外撇、束颈、圆腹、高圈足外卷。造型仿金银器，俊俏挺拔。胎质白，施透明釉，有细碎开片，口沿可见釉的剥落和磨损痕迹，近底处釉面有斑驳土沁，内底刮釉一圈，是为在罐内套烧小件器物，河南窑场生产。

11. 白釉镂空花囊

北宋—金

高16.1厘米　口径12厘米　足径8.9厘米

花口，束颈、筒形腹，高足微撇，底有一小孔，旧称花囊，是一种花器。全器施白釉，釉色白中泛黄，施釉近底，胎质坚细、胎色白，腹有均匀分布二十多个桃形孔洞，内壁无釉，北方窑场生产。

12. 定窑白釉印花螭龙纹葵瓣口碗

北宋–金

高5.1厘米　口径20.8厘米　底径5.8厘米

1960年周德蕴女士捐赠

口沿镶铜口，浅腹圈足。碗内外施白釉，内壁有凸线六条，整个碗形犹如盛开的秋菊花。凸起的线条是修坯后半干时用陶范从外部压印的，根据凸线用刻刀修整出相应的花口。碗内底印螭龙纹，螭龙细身蜿蜒盘曲，尾似卷云。螭纹最早见于商周青铜器上，与龙纹非常接近，但无鳞甲，受复古风气的影响，宋代定窑常在盘、碗、瓶等器物上装饰螭纹。

13. 定窑白釉印花博古图盘

金

高3.7厘米　口径27.6厘米　足径6.3厘米

1960年周德蕴女士捐赠

敞口，弧腹，覆烧。盘外壁有旋痕，白釉，白中泛灰，釉有垂流泪痕。盘心平坦，弦纹内印有花叶茂盛、枝柔须卷的盆花，纹饰清晰。凸起的细线将盘壁分成六格，每格内印有插在鼎、瓶、壶中的牡丹、莲花、菊花等花卉。足底处可见未处理干净的胎泥碎屑。

“博古”一词泛指陶瓷、青铜、玉石等古玩中的图案，寓意博古通今、儒雅富贵。定窑覆烧法的出现使印花装饰应运而起，印花工艺的优越性是省工省时，产品规格一致，宜于大批量生产。花纹风格由疏朗变为细密，纹饰虽浅却十分清晰。

14. 定窑白釉刻划鱼纹大碗

金

高11.5厘米　口径26.5厘米　足径12厘米

1985年吉林省农安县金代窖藏出土

敞口涩圈，深腹，环足，覆烧。碗内外施白釉，釉面均匀，口沿向内凸起一周，形成凸棱，碗底刻划水波游鱼，四周篦划水草。用单一的釉色和简洁的线条渲染出了盎然生机，达到了静中寓动的效果。该碗虽然体形大，胎体却十分轻薄，制作薄胎大碗对拉坯技术、刻划深浅、烧窑温度都有很高的要求，体现了金代定窑工匠的高超技艺。同一窖藏内出土相似的鱼纹大碗6件。同窖藏还出土钱币61枚，年代最晚为金大定通宝，大定通宝铸于大定十八年（1178），窖藏的年代当在此年之后。

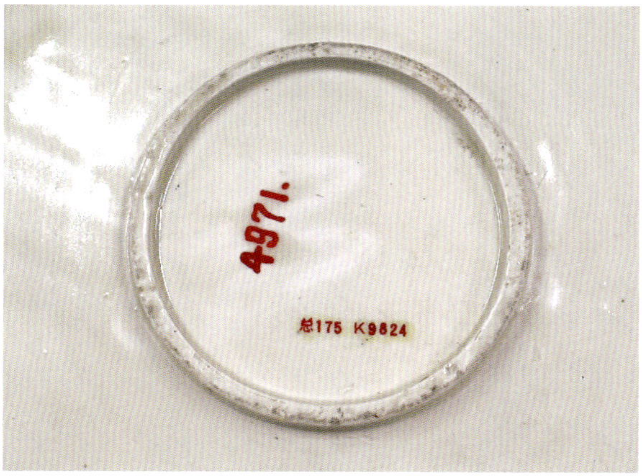

15. 定窑白釉刻划龙纹大盘

金

口径29.8厘米　足径9.8厘米　高6.8厘米

1985年吉林省农安县金代窖藏出土

敞口外撇、弧腹圈足。胎骨致密坚硬，施白釉。盘底平坦，一周凹弦纹，弦纹内刻划一条飞龙，龙的身躯布满大半个盘面，飞腾而来，双目圆睁，髯须飘洒有力，肘毛、尾鳍、鳞甲清晰可辨。身形矫健、气韵威猛。因出土时因有破损，盘身修复粘合。

该碗1985年10月出土于吉林省农安县，当地市政工程队在安装下水管道时，于地下2米深处发现一处窖藏，窖内有一个瓷瓮和四个瓷罐，内盛瓷器、陶器、玉器、铜器、钱币等130多件器物，其中白釉瓷器3件，定窑龙纹大盘有9件。农安曾是辽金两代军事重镇黄龙府所在地，金代时设置上京路都转运司，掌管中原通往金代都城上京的粮食、货物转运，历史地位极为重要。此窖藏瓷器于1991年入选国家文物局举办的《中华文物精品展》。

16. 定窑白釉印花“金玉满堂”镶铜口碗

金

高5.5厘米　口径16.4厘米　足径4.9厘米

1960年周德蕴女士捐赠

敞口，弧腹圈足，覆烧。通体施白釉，白中泛灰，夹杂着细小的黑点，系胎料淘洗不够精细所致。包镶的铜口有绿色锈蚀，仍十分牢固毫无松动。碗内口沿下一周回纹，内壁印荷花、莲叶，花枝舒展、叶脉凸起，花间有“金玉满堂”四字阳文楷书。

17. 定窑白釉印花狮子戏球菱口盘

金

高1.6厘米　口径13.8厘米　底径8.8厘米

菱口折沿，浅腹平底，覆烧。通体施白釉，造型仿金银器，硬朗中兼有俊俏。宽沿上印卷草纹，内壁随着菱口隆起14道凸棱，间饰梅花、栀子花等折枝花卉。盘心平坦，模印一头长鬃狮子正戏耍一只绣球。狮子滚球是宋金两代常见纹饰，有喜庆欢乐和祛灾祈福之意。

18. 定窑白釉印花孔雀牡丹纹菊瓣口盘

金

高3厘米　口径22.7厘米　足径15.1厘米

菊瓣形口，平折沿，涩圈边棱凸起，浅腹、平底，覆烧。灰白胎、质坚。通体施白釉，釉层均净。从口沿至底有38道凸棱，形成与口沿对应的菊花瓣；边棱清晰，匀圆无缺口。盘心模印两只孔雀立于花丛中，一昂首一俯视，相望呼应，四周是茂盛的牡丹，洞石草丛，印纹繁缛富有层次。造型仿金银器，呈现出金属材质所具有的刚劲之美。

19. 定窑绿釉剔刻牡丹纹腰圆形枕

金

长31厘米　宽23.3厘米　高13.5厘米

椭圆形，枕体积大，枕面剔刻雍容华贵的牡丹纹，花头丰硕、叶片细长。绿釉剔花与白釉剔花的前两道工序相同，先素烧成瓷，然后施绿色低温铅釉，二次入窑用烧成。该枕完好，没有丝毫裂纹和剥釉，非常难得。

20. 定窑白釉褐彩剔花忍冬纹腰圆形枕

金

高13.1厘米　长23.2厘米　宽19.7厘米

枕为腰圆形，前低后高，中间略凹，这样的设计使睡眠时较为舒适。枕面敷有一层较薄的含有氧化铁的化妆土，剔刻纹样后罩透明釉。枕面饰忍冬纹，弯曲柔软的枝条上对生33片小叶。枕墙饰卷枝纹，肥大宽厚的叶片，与枕面细密的小叶，大小相衬。白釉褐彩剔花工艺与白釉剔花工艺基本相同，都罩透明釉，但呈色效果相反。枕底有墨字“皇统元年置□□”，皇统元年为公元1141年，是金代第六个皇帝熙宗完颜亶的年号，完颜亶在位仅8年，因而“皇统”纪年的瓷枕，存世很少。

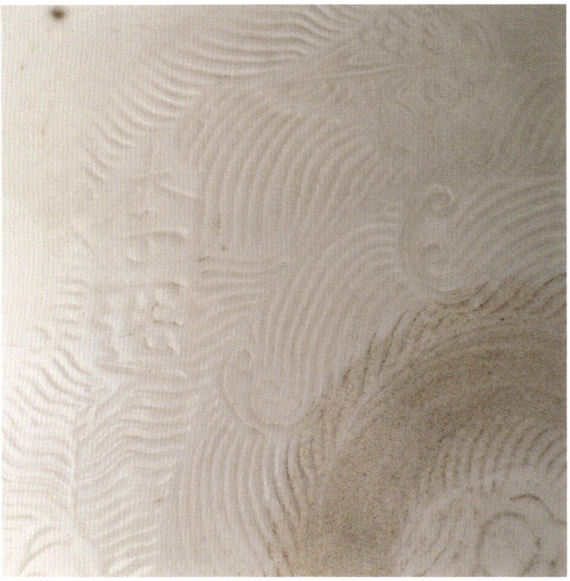

21. 霍州窑白釉印花鹭鸶水波纹“李一造”碗

金–元

高4.2厘米　口径11厘米　足径3.6厘米

敞口、弧腹、圈足。通体施透明釉，碗心刮釉有涩圈，胎质白，叠烧。造型纤巧，规矩有度。内壁模印鹭鸶水波纹，体态优雅、长腿长颈的鹭鸶与粼粼水波、涡形的水花，组成了一幅有韵律感的画面。水波纹中可见“李一造”三字。李一，或是窑场主人的名字，或是定烧者之名。霍州窑，位于山西省霍县，始烧于金盛于元，主烧白瓷，以造型小巧、胎薄体轻、纹饰精细为主要特色。

22. 耀州窑青釉刻花莲纹鼓形围棋盒

北宋

高8.4厘米　直径11.6厘米　底径8.4厘米

盖面微微隆起，盒与盖为子母口咬合。通体施青绿釉，盖面上有一处小小的缺釉，是清除落灰后的痕迹，盖口及弦纹凹陷处积釉较多，罐内无釉。子母口交接之处，有黄褐色火石红。盒盖上刻莲花、卷曲的荷叶、细长的水草、荡漾的水波，构成一幅池塘小景。盖与盒各有一周凸起的花朵形鼓钉，上下各15枚。该盒修胎精细，底足亦处理得干净利落、露出的胎体抚之光滑细腻。

围棋在中国已有近4000年的历史，棋子屡有发现，但棋盒却罕见，此盒保存完整十分难得，耀州窑遗址曾出土一件棋盒，比这件稍小，亦十分精美。

23. 耀州窑青釉剔花牡丹纹莱菔尊

北宋

高24.2厘米　口径5厘米　足径6.5厘米

小口，短颈平肩，筒腹，圈足。莱菔尊因其形似莱菔而得名，莱菔即是萝卜。通体施青釉，釉面均匀，釉内有均匀细密的小气泡。外壁剔刻两组缠枝牡丹，在花叶内以蓖划线显示筋脉纹理。剔花是北宋早期常见的装饰方法，浮雕感强。足底刮釉露胎，胎呈浅灰色，胎质细腻。宋代北方瓷器中，耀州窑以其釉色青翠、纹饰富丽著称。耀州窑创烧于唐代，北宋至金是耀州窑的黄金时代。据《元丰九域志》及《宋史》记载，宋神宗元丰、徽宗崇宁年间，耀州窑曾烧造贡瓷，供北宋宫廷使用。

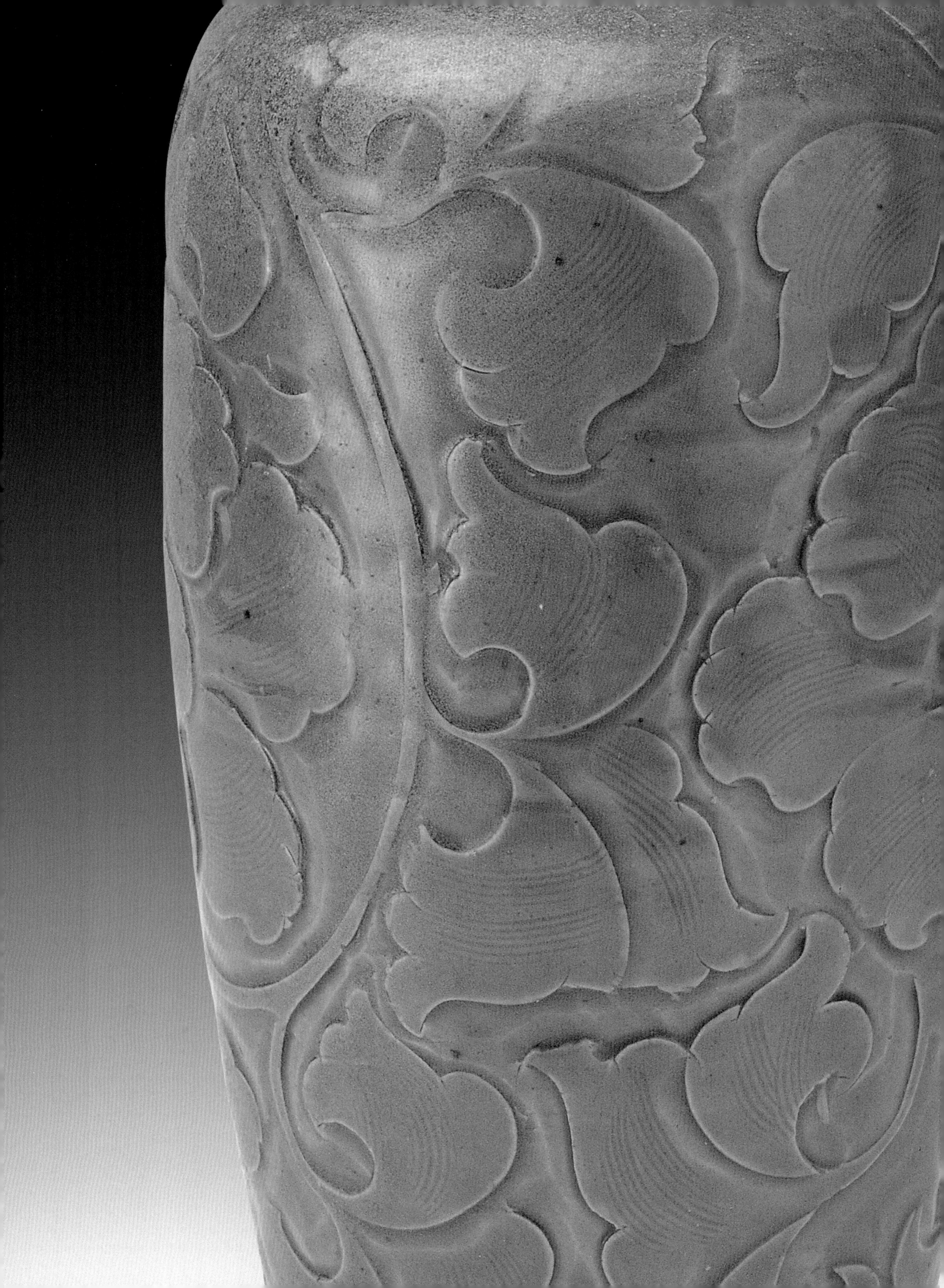

24. 耀州窑青釉刻花牡丹纹荷叶口尊

北宋

高11.5厘米　口径12.6厘米　足径5.5厘米

口沿翻卷呈荷叶式六曲花瓣，束颈，鼓腹，高圈足略外撇。长颈上刻的蕉叶纹舒展恣意，没有刻意追求精致和工整，腹部刻牡丹纹，寓意富贵吉祥。釉色青绿，橄榄绿釉层中充满了大量的小气泡，尊的下部可见漏釉和姜黄色釉斑。耀州窑荷叶口尊流行于北宋中晚期至金，用途应是陈设雅玩或是宴席上的渣斗。

25. 耀州窑青釉刻划牡丹纹罐

北宋

高17.3厘米　口径5.1厘米　底径14厘米

小口短颈，丰肩直腹，浅圈足。胎质细密，呈灰白色。釉色青黄，颈肩处的弦纹上有几处缩釉，可见酱黄色釉斑。腹部刻划牡丹，花瓣中填篦划纹，枝繁叶茂。下腹有大小不等的开片，有些片纹呈酱黄色。该罐器形规整，构图饱满，缺点是釉色不够青绿，若忽略此点，可称完美。

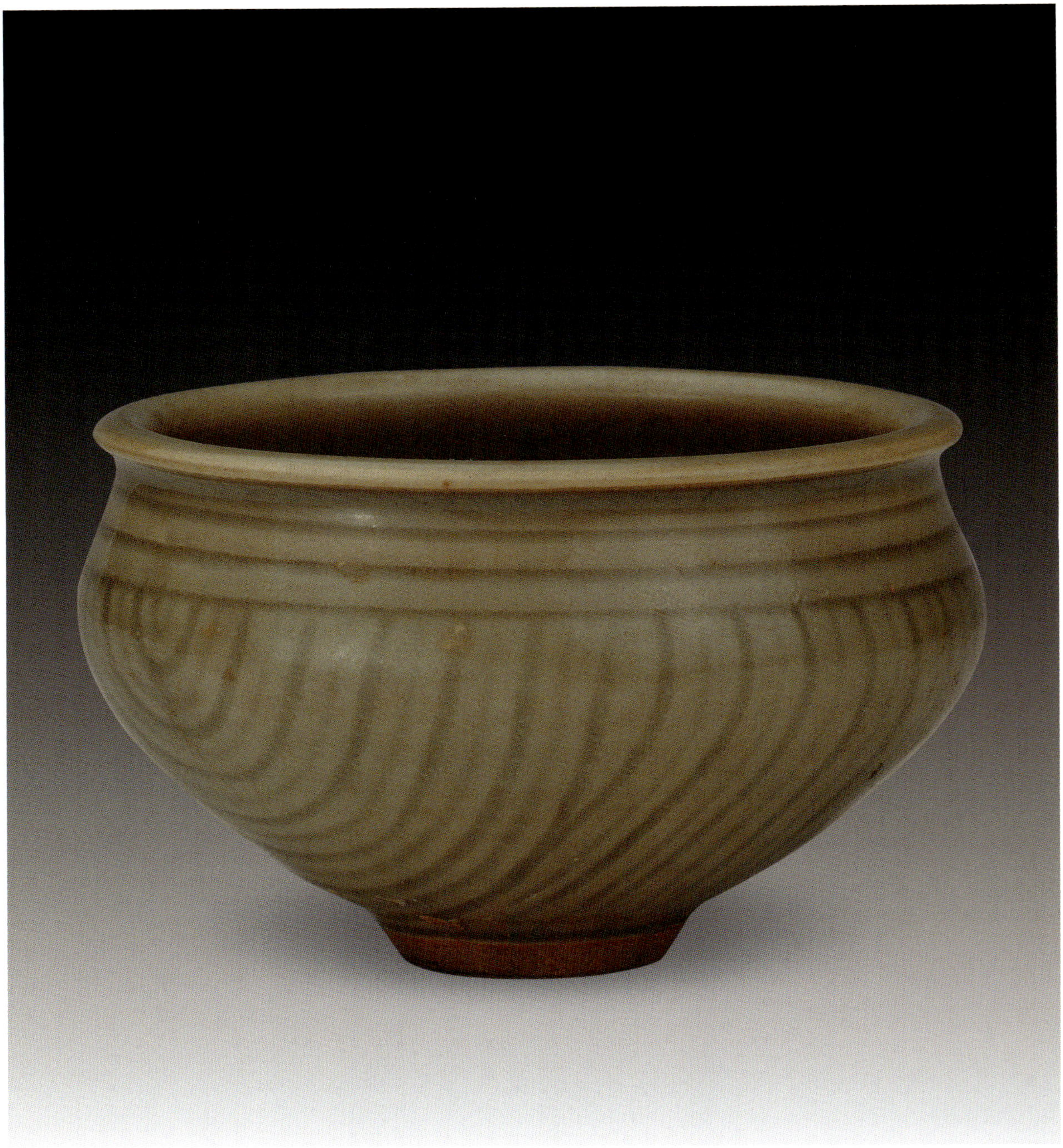

26. 耀州窑青釉柳斗式钵

北宋

高7.3厘米　口径11厘米　足径3.2厘米

侈口，翻唇，束颈，鼓腹，小圈足。内外施满釉，釉色青绿，花纹凹陷的地方气泡密集、圈足露胎，胎色浅灰。肩部饰弦纹三道，腹部刻柳条编织纹。柳斗钵的形状源自柳条编织的箩筐，耀州窑遗址宋代作坊也出土过柳斗钵，此钵式流行于南北方多个窑场，定窑、登封窑、景德镇窑、赣州窑、吉州窑等窑场都生产柳斗式钵或罐，均以敞口束颈、圆腹饰柳条纹为主要特征。

27. 耀州窑青釉刻花莲瓣纹碗

北宋

高7.8厘米　口径13厘米　足径4.9厘米

敞口外撇，深腹，圈足窄而高。通体施釉，釉呈深橄榄绿色，釉厚处聚集着大量气泡，碗下部釉面开片较多，圈足内施薄釉。外壁刻三层莲瓣纹，每层各有九瓣，凹凸起伏、有浅浮雕感。北宋中期的典型器物。

28. 耀州窑青釉印花水波游鱼纹盏

北宋

高3.8厘米　口径10厘米　足径2.3厘米

撇口、斜腹、圈足小而浅，灰胎。碗形呈斗笠式，釉为耀州窑最典型的橄榄绿，釉层之下的花纹清晰可见，外口沿下刻弦纹一周，内壁印细密水波，四条小鱼荡漾在水中，碗心一朵花蕊，该器小巧精致，是为茶盏，因胎体轻薄，饮茶时沸汤注入时会烫手不适，须置于盏托之上。

29. 耀州窑青釉印花折枝牡丹纹碗

北宋

高5厘米　口径15.5厘米　足径3.5厘米

釉色青绿莹润，透明度高，釉内气泡多。碗内印花，一只硕大的牡丹几乎占据了半个碗，花瓣层层相叠，20个花瓣叠高六层，如同宝塔。这种塔式牡丹纹饰在磁州窑瓷器中也常见到，印花纹饰能如此清晰，前提是有很好的碗范。外壁口沿下有弦纹一道，透过釉层可以清楚看见修胎时留下的旋削痕。圈足矮，粘有少量沙粒；胎质紧密、胎色灰白。耀州窑北宋晚期的制品。

30. 耀州窑青釉印花婴戏莲纹碗

北宋

高4.9厘米　口径15.8厘米　足径3.5厘米

敞口小圈足，斗笠式碗。碗内四个赤身婴孩，颈戴项圈，双手双脚佩环，一婴攀着莲花，一婴荡在莲叶下，一婴拽着茨菰，一婴悠在莲蓬下。四婴正于莲池塘中嬉戏，婴戏莲纹寓意连生贵子。釉色青中泛黄，胎釉结合之处有火石红。足心满釉，仅在足根处有极窄的露胎。圈足处理得一丝不苟，该碗的器形、釉色、纹饰堪称完美，是耀州窑印花的代表作。

31. 耀州窑青釉印花葵口碟

北宋

高2.1厘米　口径9.6厘米　底径9.6厘米

葵口外侈，浅腹，卧足。胎体坚致轻薄，胎色灰。碟内有出筋与口沿相连，形成六瓣秋葵花式碟。釉色青绿，玻璃质感很强，碟内印折枝花，纹饰虽浅却非常清晰。

32. 耀州窑缠枝菊纹碗范

北宋

高5厘米　口径16厘米

范呈蘑菇形，胎为淡粉红色。范的表面满刻花纹，一枝长茎由下而上，左右两侧各生出一朵菊花，中心偏上的位置刻牡丹花，卷曲的叶片填满了花朵外的空间。范的另一面是凹入的圆孔，四周有2厘米的宽边，圆孔内有13个清晰的手指窝，是工匠在制作时留下的指痕。该范因反复使用边缘已有多处缺损，但花纹仍然清晰。一只碗范通常能使用上百次，生产上百只相同纹饰的碗。承担制范的匠人都是刻花的高手。

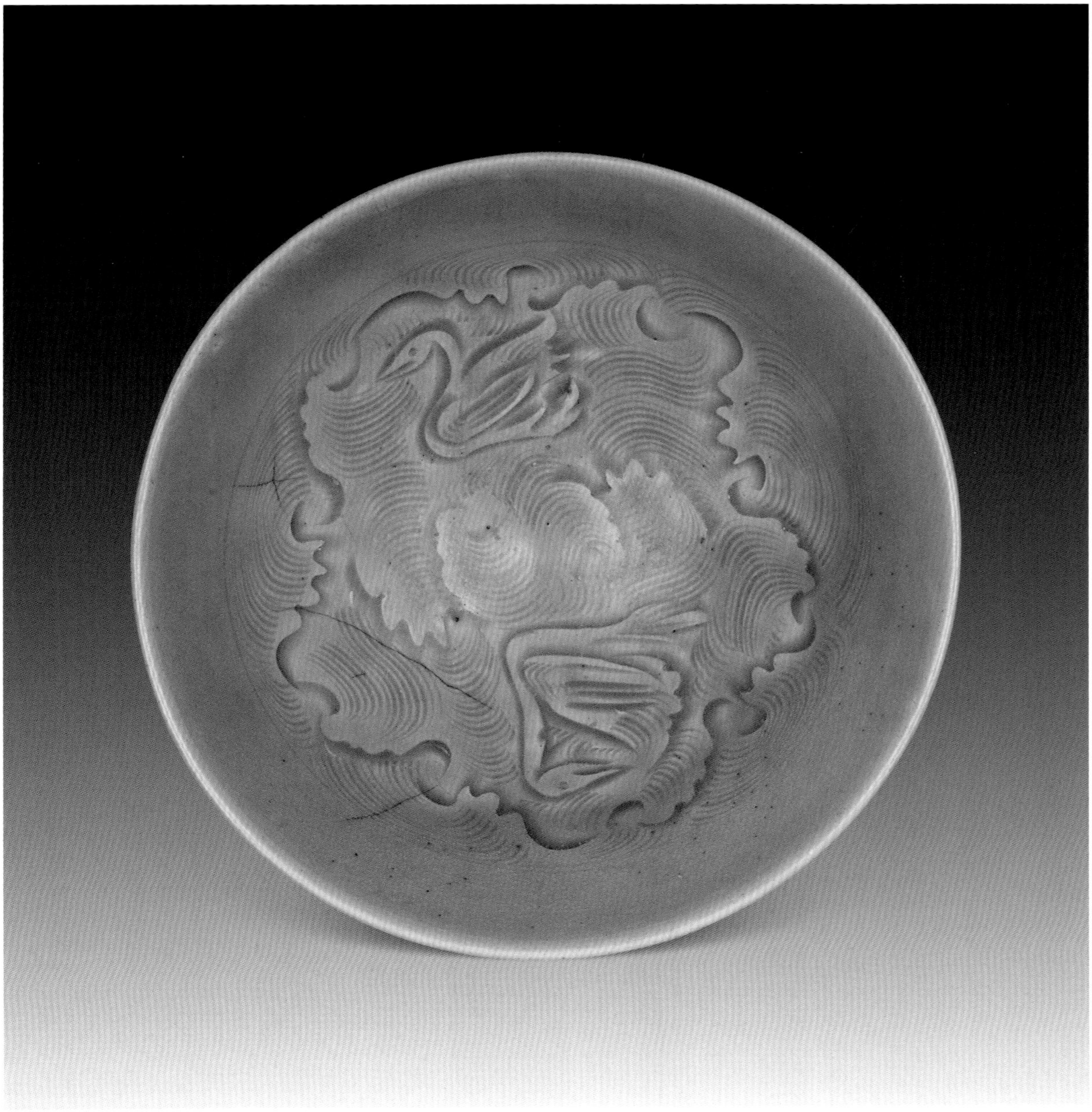

33. 耀州窑青釉刻划天鹅戏水纹碗

北宋

高8.2厘米　口径21厘米　足径5.5厘米

敞口，斜壁，圈足。内外施青绿色釉，透明度高，釉内有大量气泡，外壁轻微流釉。胎釉之间的中介层使得花纹显得更加清晰。外壁口沿之下有弦纹一周，碗内刻两只天鹅，长颈优美、翅膀微扬，周围用篦划纹表现水波翻卷。灵动的天鹅与湍急的浪花充满动态之美。

34. 耀州窑青釉刻花双鱼纹錾耳洗

北宋

高4.6厘米　口径14.3厘米　足径6.5厘米

浅腹弧壁，口沿稍内敛，一面折沿形成錾，方便拿取、把握，下有一环形耳，器形轻盈俏丽。通体施青绿釉，釉色莹润，富含气泡。洗的底部刻一折枝花，折沿上印有两条相向而望的小鱼，线条纤细、鱼鳞清晰可辨。耀州窑洗主要产自北宋晚期至金代，传世不多。

35. 耀州窑青釉刻花缠枝纹盘

北宋

高4厘米　口径18.6厘米　足径6.2厘米

敞口微敛，浅腹，圈足。盘内外满施青绿釉，釉层透明近似玻璃，有较多开片，部分纹片呈姜黄色，口沿之处釉层稍薄。盘内刻三朵缠枝花，每花五瓣，花间穿插枝条和卷叶，外壁无纹。圈足内外有酱黄色斑，足跟有少量粘沙，足边可见工匠施釉时留下指甲痕。

36. 耀州窑青釉盖碗

北宋–金

高11.3厘米　口径10.6厘米　足径5.4厘米

拱形盖，珠纽，直腹圈足。盖与罐为子母口咬合。通体施青绿色釉，碗内施满釉，盖内有大片酱黄色斑块，外壁釉有自然垂流及大小不等的开片。碗的边缘有一处磕伤。足跟修饰精细，圈足处可见五个指甲痕。该碗釉色晶莹，器形规整，碗上加盖即可防虫防灰，又有保温作用，非常实用。

37. 耀州窑青釉六棱碗

北宋–金

高6.8厘米　口径12.2厘米　足径4.7厘米

敞口微侈，深腹，圈足。外壁无纹，突出了单色青釉的素静。内壁凸起六条直棱，将碗壁均匀地分为六等份，棱尖突出口沿，碗如六瓣花形。碗底一圈凹入的弦纹，和碗壁形成了明显的分界。该碗的造型、装饰仿自同时期锤揲法制造的金银器。

38. 耀州窑青釉刻花卷草纹双耳三足炉

北宋—金

高11.2厘米　口径11.8厘米

折沿，直颈，双立耳，筒状腹，圜底，底接马蹄形三兽头足。三足先向内收然后外卷，兽头虽小，眼鼻口清晰，造型仿商周青铜鼎。器形较小，便于室内安放。釉为橄榄绿，折沿与花纹的凹陷处有积釉，釉内富含气泡。三组弦纹将纹饰分为三层，分别刻蕉叶纹、卷草纹、仰莲纹。内壁仅在上腹有釉，胎体稍厚。胎釉结合之处有姜黄色的细线。此式炉流行于北宋晚期至金代，墓葬和耀州窑遗址中都有出土。

39. 耀州窑青釉刻花卷草纹三足炉

北宋—金

高10.1厘米　口径11.8厘米　底径8厘米

折沿直颈，鼓腹，圜底，兽头足。兽足上有沙粒，装烧方式为足部支烧。釉色呈橄榄绿，有较多开片。颈肩相交之处和花纹的凹陷处有明显积釉，积釉处呈深绿色。炉内无釉，便于焚香。颈部刻同向回纹17个，肩部有多道弦纹，腹部刻卷草纹，卷草上下翻卷如在风中摆动，胎釉之间的中间层，使胎体看上去更白，花纹更清晰。卷草纹与卷叶纹、卷枝纹极为相似，差别细微，都源于魏晋南北朝时期的忍冬纹，宋金时期的耀州窑、磁州窑、吉州窑等瓷器都曾广泛采用卷草纹。

40. 耀州窑青釉印花莲纹八方盘

北宋—金

高2.4厘米　口径10.2厘米　底径2.2厘米

八方形，侈口，折沿，浅腹，卧圈足，胎色土黄。釉色浅绿，盘口釉薄处和花纹凸起处釉色显白，盘内印莲花荷叶，八方盘流行于北宋中晚期至金代，目前所见到的都是小型器，流传于世的八方盘数量很少。

41. 临汝窑青釉刻花敛口碗

北宋—金

高11.5厘米　口径24厘米　足径7.4厘米

1951年河南禹县白沙水库建设工地窖藏出土

碗口内敛，弧腹，圈足，胎色灰。碗壁有缺损、土沁和裂纹。施青绿色釉，口沿釉薄处呈灰白色，釉面有较多的开片。碗内刻三组草叶纹，刻工简洁流畅，可看出工匠娴熟的刻花技巧。外壁刻弦纹一道，釉有轻微流垂，碗底有几处漏釉，该碗的胎质、釉色及装饰风格与耀州窑相似。

42. 临汝窑青釉双耳罐

北宋－金

高11厘米　口径7.3厘米　足径4.9厘米

敞口圆唇，束颈圆肩，深腹圈足。颈肩两侧有对称双耳，腹以下渐收、通体施青釉，釉面薄而透明，釉面有开片，施釉至足，近底足处有几处漏釉。圈足较宽，足内有釉，足跟粘沙。罐身挺拔，以形取胜，仅在颈部和肩部刻划几组弦纹。

43. 耀州窑月白釉三足炉

金

高15.2厘米　口径15厘米

直口、折沿、束颈、圆腹、圜底、腹下有模制三兽足。施月白釉，釉层厚黏稠度大，玻化程度低，质感如蜡。造型浑圆厚重，三足强壮有力，器身无纹饰，凸显简约之美。炉内施半釉，适于燃香盛灰。香炉在中国古代生活中，既可放于庙堂上祭祀神灵、先祖；也可作为文人雅士书斋案头的雅玩；更是民间百姓避祸禳灾、祈福求安的寄托之物。

44. 耀州窑青釉狮座盘形灯盏

金

高8.1厘米　灯盏口径9.8厘米

底座长6.9厘米　宽5.8厘米

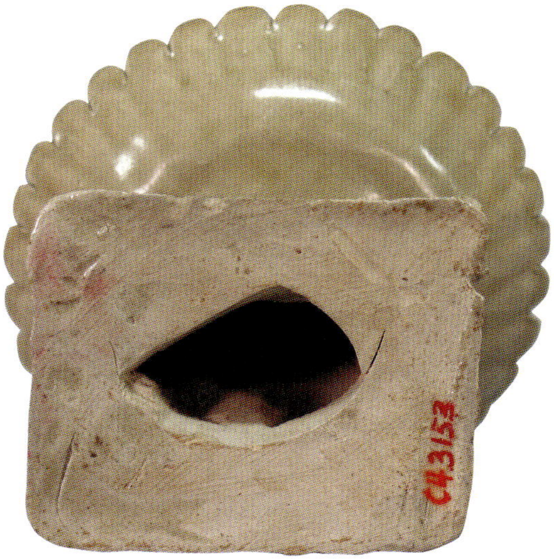

全器由灯盏、卧狮和底座三部分组成。釉色绿中偏黄偏灰，有少量开片。长方形底座的边沿印有莲瓣纹，底无釉，胎色灰白。卧狮瞪目龇牙，头左顾，背部置鞍，驮着刻有双重莲瓣的短柱，柱上承灯盏，盏为30瓣菊花口，盏底平坦，印折枝花。狮座灯是耀州窑独有器形，窑址有残器出土，陕西、甘肃等地的墓葬中曾有出土。

45. 耀州窑月白釉刻花犀牛望月纹碗

金

高7.6厘米　口径21.6厘米　足径6.3厘米

通体施青绿色釉，透明度很高，纹饰非常清晰。碗内刻划一卧牛，抬头望向空中的明月。犀牛望月的纹饰大多出现在宋、金时期的瓷器和铜镜上，其含意有多种说法，一说犀牛是天上的神牛，奉玉帝旨意下到人间造福，寓意吉祥；一说碗内纹饰是“吴牛喘月”图，意指江淮间的水牛，看到月亮误以为太阳，因惧怕酷热而卧地喘气。从古人多采用吉祥图案作为装饰纹样看，犀牛望月的可能性更合理，表达了人们对幸福生活、财富、长寿的祈求。

46. 耀州窑青釉刻划花莲纹温碗

金

高10.3厘米　口径18.3厘米　足径5.7厘米

直口，束颈，鼓腹，圈足。釉色青翠，施釉均匀，釉层较厚，施釉至底，釉面有开片。碗内刻划莲纹，花朵盛开，叶片饱满，枝蔓舒卷，表现出夏日荷塘的勃勃生机。该碗为放置酒注的温碗，碗形大且深，内底有刮削出的涩圈，增加摩擦系数，使酒注放置稳妥，不易倾斜滑动，惜酒注已失。

47. 耀州窑黄釉刻花莲纹碗

金—元

高8厘米　口径16.5厘米　足径6.5厘米

敛口，深腹，圈足，胎体稍厚，胎色土黄。姜黄釉，釉层薄，碗内刻水波莲花，刻花随意简单。外壁施半釉，刻疏散的草叶纹，碗内外均施化妆土，外壁可清楚地看出化妆土的痕迹。金代后期始，耀州窑烧造的青瓷发生了很大变化，从昔日烧造高档瓷器，改为烧造当地民众日常使用的大路粗瓷。

48. 耀州窑黄釉印花莲纹盘

金—元

高3厘米　口径15.5厘米　足径6厘米

侈口圆唇，浅腹，圈足，厚胎。盘内印莲花、荷叶、水草；内外施姜黄釉，和耀州窑宋代的橄榄绿大不同，是因烧制时窑内的还原气氛不足造成。口沿内外有一周明显的积釉，碗心刮釉，形成一环状的无釉圈。叠烧虽在一定程度上破坏了整体美观，但节省窑内空间，增加装烧量降低了成本，使百姓受惠。

49. 耀州窑青釉刻划莲纹碗

金

高6.8厘米　口径18.5厘米　足径5.7厘米

敞口，弧腹，圈足，灰胎。碗内外施橄榄绿釉，呈透明玻璃质感，施釉至足，外壁开片较多。碗内以斜刀广削的手法刻出荷花、莲叶和水波纹，外壁口沿下有弦纹两道，近口沿处有土沁。斜刀广削的刻花装饰手法主要流行于北宋中晚期和金代，之后装饰的主流逐步被风格相同、但是更简便的印花工艺取代。

50. 密县西关窑白釉珍珠地划花鹦鹉纹枕

五代–北宋

高9.2厘米　长22.2厘米　宽5.8厘米

敷化妆土，罩透明釉。枕身近椭圆形，枕面刻划展翅的鹦鹉、祥云、水波，空余处满饰珍珠地。枕墙刻划忍冬纹、珍珠地填底。平底无釉。珍珠地划花为密县西关窑最具代表性的产品，是仿唐代金银器簪花工艺，宋代较流行。制作珍珠地有较大的难度，用管状工具戳印圈圈时坯胎潮湿半干，动作轻则印纹模糊，重则坯胎碎裂。且在潮湿状态下，涂含铁量高的色料时易将化妆土弄脏，因此珍珠地工艺看似简单，实则颇有难度。密县西关窑位于今河南省新密市，始烧于唐而终于北宋，据密县地方志记载，密县窑曾一度成为唐代贡瓷产地。

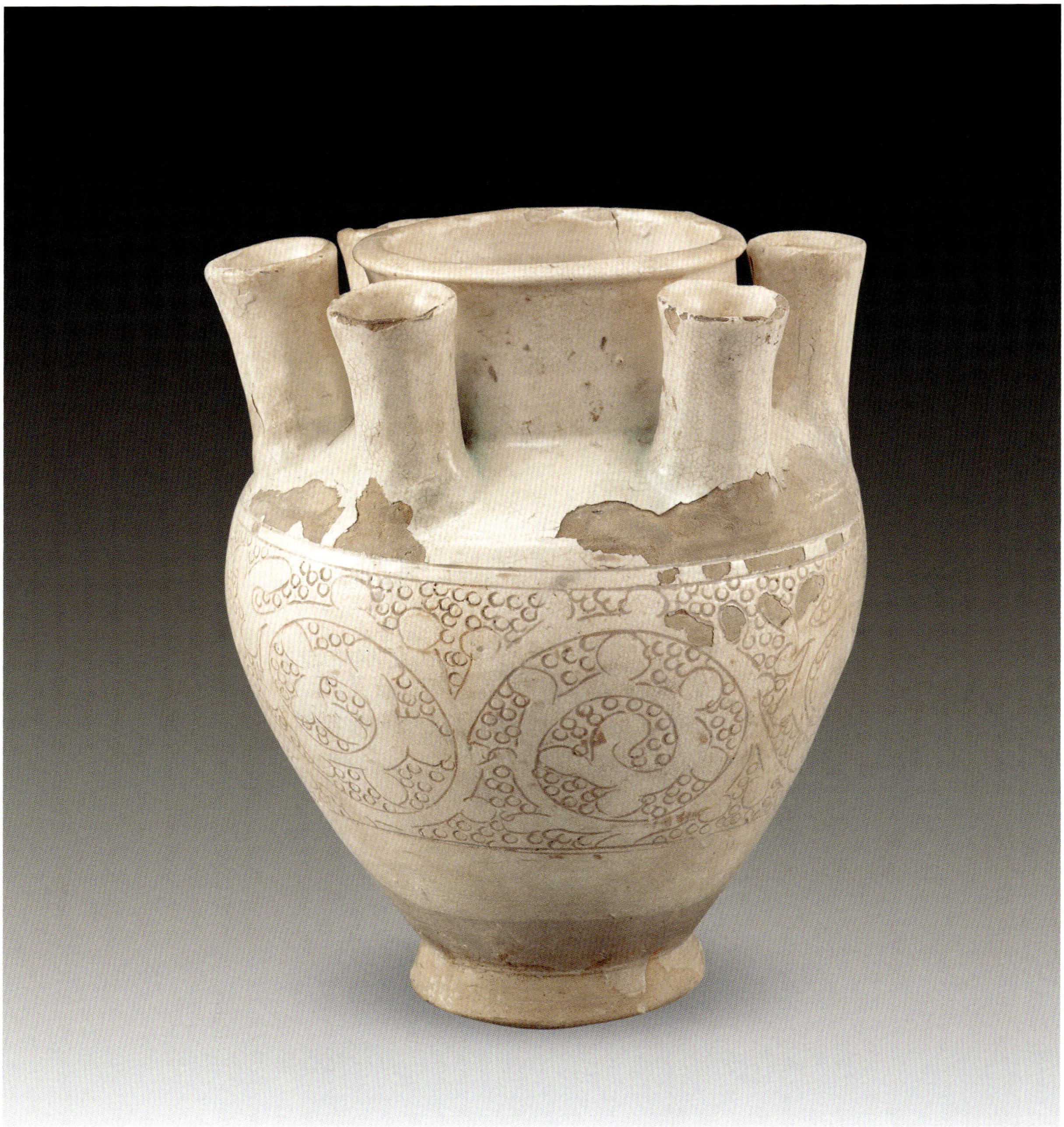

51. 登封窑白釉珍珠地划花缠枝纹六管瓶

北宋

高21.6厘米　口径10.3厘米　足径5.8厘米

敞口折沿，束颈折肩，圆腹，下腹渐收，圈足。敷化妆土，罩透明釉。肩部等距置六根直管，管中空，与腹不相通，管的高度与瓶口持平。腹部饰珍珠地缠枝卷叶纹。肩部釉层多处脱落，一管缺失。该瓶制作精致、器形奇特规整，似为插花之器。登封窑始烧于唐，北宋为其全盛时期，以白釉瓷器为大宗产品，其珍珠地划花、剔刻花最具代表性。

52. 当阳峪窑白釉剔刻花卷叶纹桶式罐

北宋—金

高16.5厘米　口径14.3厘米　足径5.8厘米

直口，内折沿，桶式腹，圈足。底无釉，胎较厚。口沿内有一周凸起的边棱，可呈托盖，惜盖已失。敷化妆土，罩透明釉。桶式罐始于北宋晚期，盛行于金代。罐身纹饰分为三层，中间一层剔刻连续卷叶纹，即图案化又有律动感，第一层和第三层均为回文，首尾相连，同向排列。

剔花装饰工艺可分为剔化妆土、剔胎、剔釉等，风格有所不同，共同点是纹饰凸起具有浮雕感。该罐为剔化妆土技法，露出深色胎体，明暗对比鲜明。当阳峪窑位于河南省修武县当阳峪村，亦称修武窑，是宋金时期北方名窑，所烧瓷器以白地黑花、剔花和绞胎瓷器最负盛名。

53. 当阳峪窑绞胎碗

北宋—金

高8.8厘米　口径16厘米　足径5.8厘米

敞口，弧腹，圈足。施透明釉。通体绞胎，灰白与褐色两种胎泥相绞产生的纹理变化万千，如同禽鸟的羽毛。目前已知绞胎器主要有碗、杯、盘、枕等，制作工艺分为通体绞胎、主体部分绞胎和局部绞胎等几种，时代约在唐、宋、金时期，元代之后渐少。

该绞胎碗是抗日战争胜利后，中国国民政府没收日本山中商会的文物

日本山中商会创办于1910年，在纽约、巴黎、伦敦、北京等地设立有多家古董店，是20世纪初世界最大的经营中国古董买卖的机构。在中国经营30多年中，以各种手段购得了大量文物，然后贩卖到欧美市场。1941年美国政府宣布对日作战，没收日本山中商会在美国的财产，并于1943年公开拍卖。日本战败投降后，中国国民政府亦没收了山中商会在中国的财产，1947年部分文物拨交到中国历史博物馆。

54. 当阳峪窑绞胎砚

北宋–金

高2.5厘米　长16.3厘米　宽11.5厘米

以褐白两种颜色的胎泥相绞，纹理清晰，色调明朗，酷似自然天成的石头。纹理似江涛翻滚，又似卷云缥缈，质地细密，手感腻滑。整体呈长方形，砚面后倾，形如箕底，唐宋以来，箕形砚是一种常见的形状，因其外形与汉字“风”相像，固又谓之“风字砚”。绞胎器大多为碗盘类的餐食用具，绞胎砚极为罕见。

55. 黄釉绞胎盘

北宋–金

高1.8厘米　口径12.8厘米　底径9厘米

折沿，浅腹，平底。土黄与深褐两种不同颜色的瓷土揉和在一起后，经过折叠、相绞后模压成形，施黄色透明釉。两色深浅相间，变化万千。绞胎瓷始于唐代，有研究者认为或是受到中亚和西亚绞色玻璃的影响，或是借鉴了漆器中的剔犀工艺。因制作工艺复杂繁琐，成品率不高，存世量稀少。绞胎瓷器的生产窑场主要在北方地区。

56. 扒村窑白地黑花水波莲池纹大盆

金

高12.8厘米　口径49.4厘米　底径30.6厘米

板沿，弧腹，平底。敷化妆土，黑彩绘画，罩透明釉。口沿绘五朵花瓣，盆壁绘双层莲瓣，内底绘硕大荷花及水波纹。扒村窑的化妆土白地如雪、黑彩如铁，产品具有强烈的对比。该盆的画工精细，线条流畅。因盆大沉重，故设计成板沿，便于双手用力，端拿方便。扒村窑的大盆可一物多用，即可作为女子盥洗用具供梳洗打扮，又可用作厨房餐具洗菜洗碗，或盛放各类食物。扒村窑址位于河南省禹州市扒村，创烧于唐代，金元时期烧制的白地黑花瓷器最具代表性。

57. 扒村窑白地黑花莲池游鱼纹扁壶

金

高12.5厘米　壶面直径29.5厘米

壶口口径2.5厘米　足径7厘米

壶身的侧面有短颈小口，厚唇卷边，三个叶形系，卧圈足，圈足内无釉。敷白色化妆土，罩透明釉。壶面花纹分为三部分，最外层为荷花、荷叶，第二层为简化的回纹，壶的中心画鳜鱼，鱼身鳞片、背鳍、腹鳍、尾鳍都清晰可见；池中水波粼粼、水草摆动。其白地洁白、黑彩浓厚，对比强烈。胎为土黄色，圈足露胎处可见较大的沙粒。壶身是上下两片对接而成，如同一口带盖的锅，壶口歪向一侧，灌水、倒水方便顺手。扒村窑有不少精美之作，但大多是瓶罐或大盆一类，扁壶极为罕见。

58. 介休洪山窑白釉划花海棠式枕

北宋

高12.3厘米　长25厘米　宽23厘米

枕呈海棠形，壁直，平底无釉，胎色浅黄，气孔位于背面中上部。敷白色化妆土，罩透明釉，枕面内凹，枕面随形勾划双线边栏，内饰牡丹大叶片，叶片翻卷，极具动感。介休洪山窑位于山西省介休市洪山镇，创烧于北宋，北宋末年停烧，明代中期重烧。洪山镇附近源神庙内有宋大中祥符元年（1008）立《源神庙碑记》，记载了当时的瓷业生产盛况和瓷窑的税务官员。

59. 介休洪山窑白釉剔花牡丹纹椭圆形枕

北宋

长25厘米　宽22厘米　高11厘米

枕呈腰圆形，前低后高，枕面出沿，弧腹微收。敷白色化妆土，罩透明釉。枕面以细线划出边线，内饰折枝牡丹，花大叶肥。剔地后露出的褐色胎与白色的牡丹花，形成深浅对比，呈现的反差较温和。施釉不到底，平底无釉，胎质土黄，气孔在背面正中偏右。

60. 介休老城南街窑白釉刻诗文椭圆形枕

金

高13厘米　长25厘米　宽22厘米

枕面刻“洞深云出晚，涧阔水流迟”，上方和左右两侧是简笔刻划的荷花纹，布局简洁、主题突出。枕面诗句意境深远，《鬼谷子算命术》中的流水鸳鸯格有相似的诗句：“洞深云出晚，海阔浪来迟。”枕壁有泪痕，平底无釉，土黄胎，气孔在正面左下。

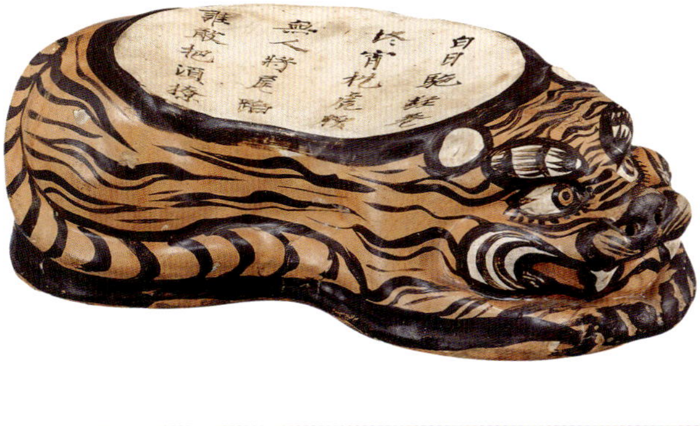

61. 长治窑黄釉褐彩诗文虎枕

金

高26厘米　长12厘米　宽12.5厘米

枕呈卧虎状，向内弯曲呈腰圆形，虽是静态却难掩威武之气。枕面白地黑彩诗文："白日馳（驮）经卷，终宵枕虎腰。无人将尾蹈，谁敢把须撩。"虎身装饰是在白色化妆土上施黄彩，以黑彩勾绘五官及虎皮的条纹，最后罩透明釉入窑烧成。排气孔设计在虎的鼻孔处，十分巧妙。老虎为百兽之王，震慑力强，人们借用它的威猛辟邪驱邪，亦有宜男之意。

A

B

62. 榆次窑白地褐彩题字玉壶春瓶

金–元

高30厘米　腹径18厘米　足径8厘米

撇口，长颈，鼓腹圈足。敷化妆土，罩透明釉，化妆土白中带灰，釉层薄，透过釉面可清楚地看到拉坯留下的旋痕。颈部和下腹各有两组弦纹，弦纹间有十六字："榆次县孟家井烧来的胡壶白如有不□。"文字分四行竖写，用手触摸可感觉到文字凸起。下腹部是四组简洁的草叶纹，两组弦纹时粗时细，间隙也时宽时窄，这种粗率不太精致的风格，是当时北方大多数民间窑场的共性。榆次窑位于山西省太原市东郊的孟家井村，因古时隶属榆次县而得名。该瓶是目前已知唯一标明产地的榆次窑产品。

63. 长治窑白地红绿彩喜鹊登枝纹碗

金

高5.7厘米　口径5.1厘米　底径15.5厘米

敞口，弧腹，圈足。敷化妆土，罩透明釉，外壁釉不到底。碗内用红彩绘停落在花枝上的喜鹊和两朵牡丹，牡丹叶以红彩勾边，内涂绿彩，呈现出夏日里红花绿叶、鸟儿啾鸣的景色。纹样外有粗细不等的四道弦纹，第一、二道弦纹间以绿彩绘四组圆点。长治窑位于今山西省长治市八义镇，始创于宋代，盛于金元时期，以白釉红绿彩瓷器和虎枕最具特色。

64. 磁州窑白地黑花鹭鸶莲池纹“张家造”椭圆形枕

宋

高10.5厘米　长22.5厘米　宽19.4厘米

1955年陕西省西安市韩森寨出土

枕呈椭圆形，枕面四周出沿，枕墙直，平底。覆化妆土，绘画后罩透明釉，枕面釉下开光内绘荷塘小景，水边土坡上立着一只长嘴、长颈、长腿、头有长羽的鹭鸶，塘中荷花盛开，四周边栏中夹水波纹，枕墙绘简化的卷草纹。枕侧有通气孔，素底无釉，戳印“张家造”款。磁州窑枕的款识有多种，较常见的有“滏源王家造”“赵家造”“刘家造”等，以“张家造”最多。

65. 磁州窑白地黑剔刻束莲纹叶形枕

北宋

通高21厘米　通宽30厘米　长32.5厘米

枕面为叶形，前低后高，两侧上卷，形成中间略凹的弧度，符合人睡眠时的舒适感。椭圆形枕座，枕座背面留有气洞；平底无釉，胎色灰白。枕面饰三枝莲花、三片舒展的荷叶和两棵纤细的三叶草。莲花、荷叶上用细线划出了花蕊和叶脉，枕面边缘一宽一细两道黑边。该枕的制作工艺十分复杂，需要先敷白色化妆土，再施一层含氧化铁的釉料，然后勾划花纹，再剔除图案以外的部分，露出白色化妆土，最后罩透明釉入窑烧制。磁州窑北宋晚期制品。

66. 白釉剔刻花水禽纹梅瓶

北宋

高31.2厘米　口径5.4厘米　足径8.6厘米

小口外翻，短颈圆肩，长腹，隐圈足，胎较厚。敷白色化妆土，罩透明釉。腹部有四层纹饰，第一层饰水禽衔叶纹、间以相互叠压的团花纹；第二层剔刻卷叶纹；第三层刻划水禽衔瑞草，周围水光潋滟，第四层剔刻莲瓣纹。剔地与刻划技法增加了整体层次感，剔掉的地纹不多，灰胎衬托白花，反差柔和。该瓶为中国国民政府没收日本山中商会财产。

67. 磁州窑白釉“清酒务”梅瓶

宋

高18.7厘米　口径4.9厘米　足径5.8厘米

小口束颈，圆肩长腹，隐圈足，胎体较厚。器身敷化妆土，罩透明釉，釉薄，釉面有大面积土沁，肩部釉下刻“清酒务”三字。酒务是宋代官府管理酒的机构，宋代沿用了汉代的榷酒制度，在各地设有酒务，实行官酿官卖，独占酒利，酒户只能从酒务批发酒零售。因榷酒收入大部分入地方财政，故各地政府对榷酒管理严密。该瓶正是宋代榷酒制度采用酒务管理的一个实证。该瓶为1947年国民政府没收方若文物。

方若（1869－1955）曾任北洋大学堂教授，“七七”事变后，先后担任河北高等法院院长、天津市代理市长等十几个伪职。抗日战争胜利后，国民政府逮捕方若，判处汉奸罪。1949年文化教育部7人专家组赴天津对方若的藏品清点造册，所藏古钱、书画、玉器、陶瓷器、古墨、古砚等文物计9171件，并将所有文物分装50余箱运往北京，后部分拨交中国历史博物馆。

68. 灰釉褐彩四系罐

金

高31厘米　口径6厘米　足径9.5厘米

1960年黑龙江省兰西县双榆树屯出土

通体施浅灰色釉，小口短颈，圆肩鼓腹，罐身呈橄榄形。颈肩安四个柳叶形系，腹下部至足饰褐色釉，釉有细碎开片，圈足上有粘砂。罐身饰四道褐色弦纹，弦纹间几笔看似随意的褐彩涂抹，为写意飞禽花草纹。图案纹饰松散、简单，胎釉均较粗糙。1960年7月，黑龙江省呼兰河涨水，一处河崖（距金代古城3.5千米）被水冲垮，发现文物十余件。黑龙江省博物馆与兰西县文化局派人前往调查，发现出土遗物有铁锅、火盆、铜锅、四系瓷瓶、黑釉缸等器物。出土的四系瓶共4件，其中一件黑彩书“清酒肥羊”（现藏黑龙江省博物馆），该瓶式金代始有，是目前已知最早的四系瓶。东北地区金代窑场生产。

69. 磁州窑白地褐彩书“花果茶香”“酒”字碗

金

高5.6厘米　口径15.5厘米　足径5.3厘米

敛口，弧腹，圈足。敷化妆土，罩透明釉。碗内褐彩书“花果茶香”四字，内底在刮釉涩圈中书“酒”字。外壁施釉不到底，有化妆土垂流痕迹。碗的器形和釉都很平常，谈不上精美，是寻常百姓家里普通的食具，但碗中“花果茶香”“酒”字，令人顿感香气扑面而来。

70. 白地褐彩缠枝花梅瓶

金

高34.7厘米　口径3.3厘米　足径8.3厘米

小口下翻呈蘑菇形，短颈，溜肩，瘦腹，隐圈足。敷化妆土，彩绘后罩透明釉。肩部褐彩绘枝繁叶茂的缠枝花，花瓣舒展，叶片卷曲，密密匝匝填满瓶身；下部为六条宽窄相间的弦纹。唐宋以后，贮酒用长瓶，长瓶也叫经瓶，常出现在宋墓壁画“开芳宴”桌前，辽墓壁画中有举长瓶倒酒的画面，将其用途做了形象化的说明。民国初年《饮流斋说瓷》将长瓶称为“梅瓶”，此后，长瓶便被称为梅瓶，常被误以为插花之瓶。

A

B

71. 白地黑彩“大安二年张泰造”题字罐

金

高12.5厘米　口径11.1厘米　足径6.5厘米

口沿外撇，束颈，圆腹，圈足。胎厚。敷化妆土，罩透明釉。罐腹黑彩书“佛光普渡大安二年张泰造”十一字，大安是金代卫绍王完颜永济的年号，二年为1210年。大安年号仅存在三年，留下的纪年瓷器极少。该罐为1947年国民政府没收方若文物，后拨交中国历史博物馆。

72. 白釉剔刻词曲长方形枕

金

高19.3厘米　长45.4厘米　宽13.8厘米

枕面略成扇形，两端翘起，前略低，后微高。敷化妆土，刻字后罩透明釉。枕面中部是一首闺怨词："小院帘莫（幕）风轻，夜来窗雨乍晴。堤外谁家少年郎，正走马、探春离城。○疏枝红杏艳粉，青苔嫩绿草似缨。海燕喜轻寒，微暖处、渐闻啼莺。○红粉墙内佳人笑，两声娇嫩乍闻。秋千蹴起映花梢，引游客、住目动情。○早是年少倦春，天气似醉人未醒。垂泪问桃花，甚不见、去年故人。○深知辜负平生谏，阻隔芳讯信音。不念人瘦似东阳，望□山、怎寻断云。○欲将愁绪□□，三分酒一分泪痕，何日再□□，自别来、为伊瘦损。○□调折花三基。"枕面左侧书写"贫居

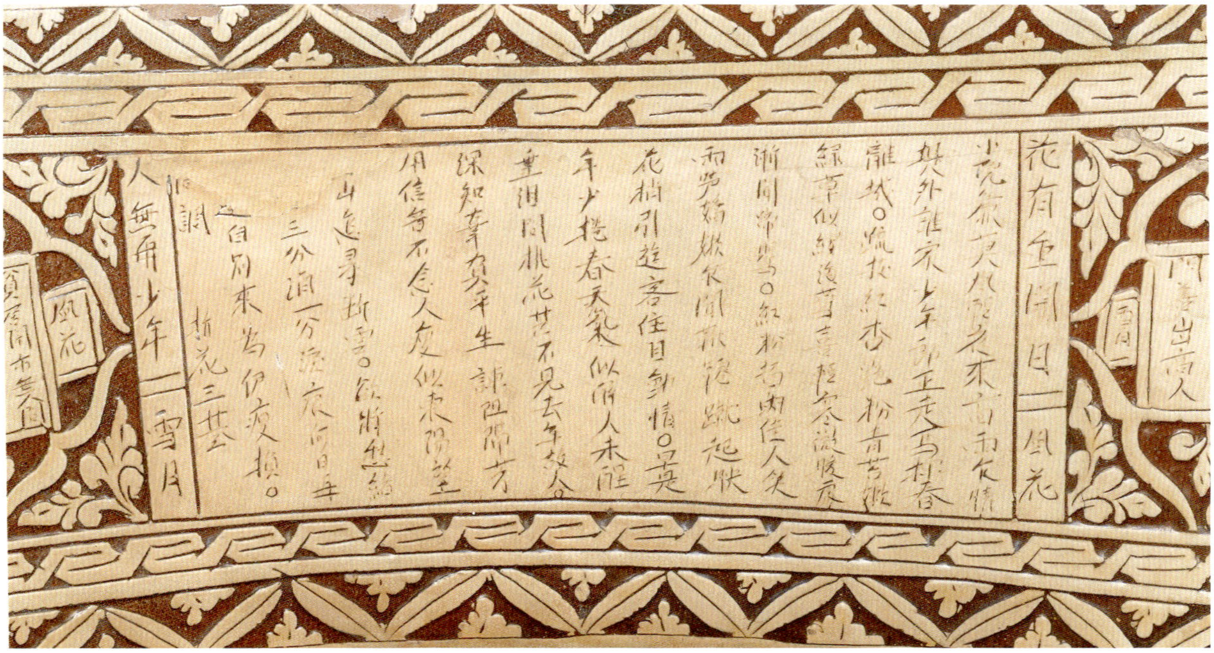

闹市无人问，富贵深山有远亲”，右侧书写“家和生贵子，门善出高人”，在此两联的内侧书写有“花有重开日，人无再少年”。在两联的下方书写有“风花雪月”。枕墙剔刻缠枝牡丹纹。背面有两个出气孔。枕上的文字娓娓诉说了女子在恋人离开后的情感，表达了独处深闺的伤感离愁，曲折婉转而又层次分明。该枕是河南窑场生产。

73. 白釉胆式瓶

宋

高31厘米　口径4.5厘米　足径8厘米

小口长颈，溜肩垂腹，圈足，长颈几乎占了瓶高的一半。土黄胎。器表敷白色化妆土，罩透明釉，釉薄。瓶身无纹饰，可见透明釉下修坯时的弦纹。器形修长秀美，瓶体有常年使用后留下的摩擦和磕碰痕，北方窑场生产。

74. 白釉瓜棱腹汤瓶

北宋—金

高30.1厘米 口径7.5厘米 足径7.8厘米

喇叭口长颈，瓜棱腹，圈足，胎色灰。肩部有弧形长流，弓形柄宽大，适合执拿。瓶身敷化妆土，罩透明釉，施釉近足。器形设计摹仿金银器，线条硬朗、修长秀美。

75. 三彩釉印花游鱼纹狮形枕

北宋—金

长21.5厘米　宽14.4厘米　高13厘米

枕面呈椭圆形，中间凹，两边微翘。施三彩釉，釉面光滑，色彩明亮艳丽。枕面印有水波游鱼纹，枕座为卧狮形，气孔巧妙地隐于狮嘴处。狮是佛教中的祥物，传入我国后亦被视为祥端动物，狮形枕因而具有辟邪、保平安之意。北方窑场生产。

76. 三彩釉刻划莲纹狮座枕

金

高14厘米　长26.6厘米　宽16.7厘米

枕面呈八角形，两侧微微翘起，前低后高。枕面刻划出两条边线为框，框内饰两枝莲花和两片莲叶，施三彩釉。枕座模制成型，塑雌雄两狮，两狮之间依偎着一只幼狮。雌雄两狮的双目以白色为底，黑色点睛。三彩釉源于唐，宋代再兴，都称为三彩，却有差别。宋三彩以黄、绿、白、褐为主，不及唐三彩的色阶丰富，大多是生活实用器。

77. 黄绿釉印花锦地纹束腰枕

北宋—金

长17.3厘米　宽7厘米　高7厘米

枕面中心施绿釉，模印锦地钱纹，四周环绕忍冬纹，纹饰清晰，气孔位于一侧。枕形为中间凹两边翘，两侧为正方形，露胎无釉，胎色黄，形制规整，亚腰枕的特点是四面皆可作为枕面使用。黄绿釉属于低温铅釉，枕制作成型后大多先素烧为半成品，施釉后二次入窑低温烧成。河南窑场生产。

78. 三彩釉划花莲纹腰圆形枕

金

长29厘米　宽20厘米　高12厘米

腰圆形。底无釉，胎色土黄。敷化妆土，施三彩釉。三彩枕的制作通常是在半干的胎体上刻划纹样，先入窑烧成素坯，再按设想在纹饰上施釉后，二次入窑低温烧成。瓷枕的枕面刻划莲花荷叶，画面舒朗，一花两叶，黄白绿三色装饰。器形规整，色泽明快。

79. 酱釉斗笠碗

北宋

高4.6厘米　口径12厘米　足径3.8厘米

厚唇敞口，斜腹，圈足。胎色土黄。碗内外施酱釉，釉面光泽度好，碗形敦实，胎重釉厚。酱釉最早出现在商代后期的原始瓷上，东汉晚期较盛行，唐宋时期北方窑场也开始大量烧制酱釉瓷，酱釉的高温黏度较大，很少有流釉现象，该碗的釉面均匀，厚而不流。因酱色中泛红，色泽如同熟透的柿子，又称柿釉。

80. 磁州窑黑釉兔毫盏

金

高4.4厘米　口径15厘米　足径4.1厘米

敞口，斜壁，小圈足，形似斗笠。胎色土黄。宋金时期斗茶之风盛极，建窑茶盏被世人追捧，磁州窑也仿制生产了建窑兔毫盏。该碗外壁施酱釉，碗内黑色釉中夹杂褐色细条纹，犹如兔毫，与建窑盏很相似，只是胎和釉层都稍薄一些。

81. 黑釉鹧鸪斑碗

北宋

高4.5厘米　口径9.5厘米　足径3.3厘米

1958年河南白沙宋墓出土

敛口，弧腹，圈足。内外施黑釉，釉不到底。土黄胎。黑釉上有不规整的酱黄色斑点，此碗施釉两遍，外壁可见酱釉与黑釉的叠加。碗内黑釉上的浅酱斑，如同鹧鸪鸟羽毛上的斑点。宋人黄山谷曾用“研膏溅乳、金缕鹧鸪斑”的诗句赞美带鹧鸪斑纹的黑釉盏。河南窑场生产。

82. 黑釉凸线纹瓶

北宋—金

高21.5厘米　口径6.5厘米　足径6.6厘米

喇叭口，细颈，垂腹，圈足，胎色土黄。肩部两道弦纹，腹部有竖向凸起的条纹。通体施黑釉，釉色明亮乌黑，口沿和线条凸起处呈酱黄色。黑釉凸线也叫出筋，用白色泥浆堆出线条，然后施釉入窑烧制，简单的泥浆线条，使釉面增加了凹凸起伏的动感。从宋中期到整个金代，河北、河南、山东等北方窑场都曾生产黑釉凸线纹瓷器。

83. 黑釉酱斑洗

北宋–金

高3.4厘米　口径10厘米　底径13厘米

1953年北京文物业工会捐

直口、口沿无釉，壁有13道凸棱，平底。土黄胎。通体施黑釉，每道凸棱上装饰酱色斑块。从胎釉特征看为北方窑场生产。该器的用途或是文房用品中的笔洗，或是研磨器。

84. 黑釉酱斑盂

金

高8.9厘米　口径13.3厘米　足径5.9厘米

敞口，直壁，深腹，圈足。内外施黑釉，外壁釉不到底，腹部有花瓣状浅酱色斑块。口沿刮釉，证明原物曾有盖，内底有刮釉涩圈，可套烧小件器；圈足无釉，露土黄色胎。该盂是点茶时用来盛开水的熟盂，经测量容量为1236毫升，与《茶经》“熟盂，以贮熟水，或瓷或砂，受二升（约1200毫升）”的记载正好相符。

85. 黑釉银油滴钵

金

高6厘米　口径13.1厘米　底径7厘米

1954年王鲁捐

敛口，圆腹，圈足。钵内无釉，外施黑釉，黑釉上散布银灰色金属光泽的斑点，大小不一，如同水中漂浮的油珠。油滴是伴随着黑釉瓷器的烧制偶然出现的品种，烧成温度范围很窄，入窑时需放在合适的窑位并严格控制烧成温度和升温速度，符合其烧成曲线才能成功烧出，很难精确控制，因此流传至今的油滴瓷器不多见。

86. 黑釉酱斑敛口碗

金

高7.2厘米　口径19.9厘米　底径8.4厘米

1960年周德蕴女士捐赠

圆口，弧腹，圈足。土黄胎，胎质较粗。施黑釉，外壁不到底，口沿釉薄处呈酱黄色，内壁有五块酱红色斑块，形似五瓣花，民间称为狗舔血、狗舔碗。黑釉浓厚光亮，酱斑红如铁锈，两色相衬，斑斓谐调。

87. 黑釉酱彩深腹碗

金

高7.5厘米　口径17.5厘米　足径7厘米

1960年周德蕴女士捐

敞口，深腹，小圈足。胎骨厚重，胎色土黄。施酱、黑两遍釉，外壁施釉近底，碗内绘酱黄色条纹，条纹排列密集，分为上下两层，似放射的光线，又似层层荡漾的水波。北方窑场生产。

88. 黑釉酱斑矮瓶

金

高19.2厘米　口径6.5厘米　足径13厘米

小口外折，束颈，圆肩，鼓腹，隐圈足。厚重古朴，形似梅瓶的上半部，民间亦称嘟噜瓶。瓶身施黑釉，呈现大面积酱红色条状及点状酱斑。黑釉酱斑装饰流行于宋、金、元时期，大多施于碗、瓶、罐等器物上，这些斑点、条纹的涂绘，介于有意无意间，黑酱两色相衬，美观谐调。河北、河南、山西等窑场多有烧造。

89. 黑釉荷叶口瓶

金

高14.8厘米　口径4.8厘米　足径5.5厘米

荷叶口，长颈，丰肩，瓜棱腹，圈足微外撇。胎色土黄。通体施黑釉，釉不到底，釉面黝黑，光泽强烈如同镜面，说明釉料的采选、淘洗、配比均十分严谨。黑釉的遮盖力强，不需要很好的瓷土，生产成本不高，耐污渍，易于清洁，因此受到社会各阶层的喜爱。

90. 黑釉酱斑瓶

金

高14.7厘米　口径4.4厘米　足径4.8厘米

1959年山西大同十里铺出土

喇叭形撇口，细颈，瘦腹，圈足。土黄胎。施黑釉，口沿和腹部有酱斑，黑釉与酱斑边界交融。瓶的体态娇小，山西北部窑场生产。

91. 黑釉剔刻花卷叶纹双耳罐

金—元

高38.4厘米　口径13.3厘米　足径5.8厘米

侈口圆唇，粗颈，丰肩，圆腹，腹下收，小圈足。由颈到肩分饰二耳。腹上剔刻花纹，并于肩腹之间，腹中下部弦纹。通体饰黑釉，釉层较厚，表面光亮。该罐为1947年国民政府没收日本山中商会的财产。

92. 酱釉盖碗

金—元

高11.2厘米　口径10.5厘米　足径5.6厘米

盖面隆起，瓜蒂钮，窄平沿略上翘，直腹弧收，圈足。内外皆施酱色釉，酱中偏紫红，釉面平整匀净呈半木光。造型敦重饱满，内外无任何纹饰，简单素朴。

A　　　　B

93. 酱釉刻鸭纹双系罐

元

高27.5厘米　口径6.9厘米　足径11.8厘米

1949年霍明志先生捐赠

直口圆肩，颈部有凸棱一道，颈肩部附双耳。胎厚体重，胎色土黄。通体施酱釉，酱中泛绿泛黄，釉层厚且富有光泽。肩部饰双弦纹，腹部刻双鸭，一鸭回首引颈呼叫，另一鸭划动双蹼前游。纹饰写实，刻划简单，北方窑场烧制。

94. 黑釉刻鸟纹罐

元

高19.7厘米　口径5.6厘米　底径11.8厘米

小口，短颈，丰肩，鼓腹，下腹收，圈足。双系与罐口齐平，肩部双弦纹，腹部刻划一只长尾小鸟，工匠运刀极为干净利落，寥寥几笔，一只鸟儿跃然而出，如同一幅简笔画。通体施黑釉，下腹无釉露胎，胎色土黄，是为民间百姓的生活实用器，北方窑场烧制。该罐为国民政府1947年没收的方若文物。

95. 褐釉剔花梅瓶

元

高26厘米　口径3厘米　足径10.5厘米

1998年国家文物局拨交香港海关截获的走私文物

梯形口，溜肩圆腹。肩部双弦纹、草叶纹，腹部剔刻卷叶纹，制作方法是先在坯胎上施褐釉，再刻划花纹，剔除纹饰以外的褐釉，再将白色化妆土泥浆填到剔釉后的凹陷处。与单纯的剔釉工艺相比，填白色化妆土后纹饰显得更加分明，但由于没有透明釉的覆盖保护，化妆土呈干裂、脱落现象。

96. 磁州窑白地黑花婴戏图罐

元

高30.6厘米　口径17.7–18.5厘米

腹径30.8厘米　底径12.5厘米

辽宁省绥中县三道岗海域元代沉船出水

广口束颈，丰肩圆腹，腹以下渐收至底，圈足。胎色土黄，胎体厚重。罐内满釉，罐外敷白色化妆土，罩透明釉。罐腹两组开光，开光内黑彩绘一童子卧跪于花丛中，脸庞圆润、颈戴项圈，身穿花兜肚、花短裤，双手擎花草，四周绘牡丹和菊花。婴戏图表达了人们多子多福、儿孙满堂、人寿年丰的祈求。

磁州窑经历了宋、金时期的繁荣阶段，元代时中心窑场逐渐从漳河流域的观台移至滏阳河流域的彭城。彭城窑大量生产罐、缸、盆、瓶等器物，由陆路和滏阳河水运销往华北、东北、东亚地区，成为名扬天下的窑场。

97. 绞釉碗

元

高5.7厘米　口径12厘米　足径5厘米

敞口，弧腹，圈足。胎色土黄。绞釉亦可称为绞化妆土，是将两种深浅不同的化妆土用特殊方法敷于器表，再罩透明釉入窑烧制。纹饰如空中行云，又似两种不同颜色的液体交汇融合的一刹那。呈现出一种变化、动态之美。北方窑场生产。

98. 绞胎高足碗

元

高7.2厘米　口径11.9厘米　足径5.8厘米

口沿外侈，弧腹，高足外撇。深浅两色胎泥相绞，施浅黄色透明釉。绞胎器于唐代兴起，将深色和白色堆叠后，用手揉捏或放到陶范中挤压成型，出现类似树木年轮或羽毛般的纹理，再罩釉烧造。宋、金、元时期河南、河北、山西、山东等地窑场均有烧造，至元末绞胎器渐少。

99. 磁州窑白地黑彩“忍”字碗

金–元

高5.8厘米　口径14.5厘米　足径5.1厘米

敞口圆唇，弧腹，圈足。敷白色化妆土，罩透明釉，釉有流垂，施釉近底。腹内壁一周弦纹，底有黑色楷书“忍”字。“忍”或意容忍，体现宽容大度；或意忍耐，是面对现实诸多不易的一种应对，一种善意劝告。

100.磁州窑“官”字四系瓶

元

高25厘米　口径4.3厘米　足径7.4厘米

喇叭形撇口，短颈，溜肩，瘦腹，圈足。形似橄榄，肩颈部有叶形系。上腹敷化妆土施白釉，下腹部施黑釉。腹上部黑彩书“官”字。元代四系瓶主要作为酒瓶使用，该瓶胎质厚重坚硬、强度高，易于酒的封护保存。瓶上的“官”字，或指官方掌控的酒肆，或指官姓酿酒作坊。

A

B

101.磁州窑白地黑花龙凤纹罐

元

高30厘米　口径18.5厘米

腹径31厘米　足径12厘米

辽宁省绥中县三道岗海域元代沉船出水

广口短颈，丰肩圆腹，腹以下渐收至底，圈足。胎体厚重，造型浑厚。敷白色化妆土，罩透明釉。腹部两菱形开光，分别绘游龙、飞凤，游龙昂首，鬃毛后扬，翻转舞动，周围饰卷云纹；凤昂首曲颈，伸展开的双翅铺天盖地、迎面扑来，气势磅礴。龙凤图案对称、平等，各居一半，不分大小高低。呈现龙凤呈祥的意境。下腹部有一圈窑粘，是烧制时使用窑具留下的痕迹。在辽宁省绥中县三道岗海域元代沉船附近，同时发现的龙凤纹罐共有22件。

102.磁州窑白地黑花鱼藻纹盆

元

高12厘米　口径39.5厘米　底径18厘米

辽宁省绥中县三道岗海域元代沉船附近出土

扳沿，斜直壁，平底。胎质灰白坚硬，盆内有三枚支烧痕。内壁敷白色化妆土，罩透明釉，外壁施黑釉。口沿绘草叶纹，盆壁绘竖向水波纹，盆底绘鱼藻纹，简练随意、生动传神。鱼藻盆在漳河流域的观台窑和滏水源头的彭城窑都有生产，虽同为磁州窑但在鱼藻的画法上不同，该盆为彭城窑烧制。

103.白地黑花莲池游鱼纹梅瓶

元

高52厘米　口径4厘米　底径9.5厘米

1953年文化部文物局拨交

蘑菇形小翻口，短颈圆肩，硕腹，腹下急收，玉璧底。全器敷白色化妆土，罩透明釉。五道黑彩宽带纹将瓶体分隔成五个部分，腹部开光内绘莲池鱼藻纹。辅助纹饰为回纹、覆莲纹、草叶纹、水波纹，最下部是五道粗细相间的弦纹。该瓶的形体高大、厚重，纹饰黑白分明，气势宏大，河南窑场生产。

重華宮
C4.3075
金昭玉翠用

104.钧窑玫瑰紫海棠式花盆

北宋

高14.4厘米　口径19.5-24.5厘米

最大足径13厘米

海棠式敞口，折沿，口沿突起一道细的边棱，深腹斜收，四云头足。外壁有四条内凹的直线，使盆壁与口沿的花瓣曲线相吻合，全器满釉，内施天蓝色釉，外壁为窑变玫瑰紫釉，口沿和盆内棱角凸起的地方呈现酱色。内外壁均有密集的蚯蚓走泥纹，纹路虽短但十分清晰。花盆底部均匀分布五个透气的圆孔，外底可见14个支钉痕。釉下刻有表明器物大小的数字“三”，釉上刻“重华宫”“金昭玉翠用”八字，应是清代造办处匠人所为。

钧窑的产地在河南禹州，生产的钧瓷分为日用类和陈设类，造型和装饰风格有很大区别，陈设类瓷器制作考究、造型庄重，应是在宫廷的直接指令下生产的，因此又被称为“官钧”。官钧以花盆、盆托等最具特色，器物的底部多刻有从一到十的数字。

由于古代文献对于钧窑的记载十分简略，加上考古资料还不十分充足，因此对官钧的烧造年代，研究者持有不同看法：传统观点认为官钧是北宋晚期制造，也有研究者认为官钧产生于金代，还有研究者将官钧与考古资料、古代绘画作品、古代文献进行综合研究，指出“官钧”的造型具有明显的元代或明初风格，创烧于元代，延伸至明朝。

105.钧窑玫瑰紫釉尊

北宋

高22.7厘米　口径23.4厘米　足径13.7厘米

口沿外撇，束颈，鼓腹，宽圈足，器形仿古铜器式样，渣斗形。里外通体施釉，釉面玫瑰紫釉和天蓝釉交织在一起，颜色交错变幻。

106.钧窑玫瑰紫釉鼓钉洗式盆托

北宋

高8.9厘米　口径24厘米　足距17.4厘米

口内敛，浅腹，平底，三云头足。通体满釉，器内施天蓝釉，外壁玫瑰紫釉与天蓝釉交融后，幻化无穷，边棱及鼓钉等凸起之处，因釉层薄呈酱色，内底有“蚯蚓走泥纹”。盆托外沿下有一圈鼓钉22枚，下腹部有鼓钉18枚。底部有22个支钉痕，刻有数字“二”。

107.钧窑月白釉六方形盆托

北宋

高3.3厘米　最大口径19厘米

最大底径13.5厘米

折沿，浅腹，六方形，六足，内外施天蓝釉，边棱釉薄处呈姜黄色，器底施有一层浅褐色护胎釉。底部刻有数字“八”，紧密排列的22个支钉痕。

108.钧窑天青釉碗

金

高10.1厘米　口径22.8厘米　足径7.3厘米

1959年河南省禹县白沙水库出土

敞口，弧腹，圈足粘沙，底足内有釉，胎质致密，胎色土黄。釉色天青，施釉至足，莹润光洁。碗壁釉层从上至下由薄变厚，釉色渐深渐浓，深浅变化非常明显。口沿处釉层薄，几近透明，透过釉层可清晰地看到胎体；釉面有冰裂纹开片和兔毛状的细小条纹，是高温烧制时釉汁流淌时形成的，又称“菟丝纹”，下腹至足釉层变厚完全失透。

STH2
K6436
3文6623

109.钧窑月白釉菊瓣形大碗

金

高11.2厘米　口径24厘米　足径7.3厘米

1959年河南白沙水库建设工地出土

尖唇菊瓣口，深腹小平底，圈足。碗壁与花口的起伏相合形成凹凸有致的菊瓣形，施月白釉，釉层较薄，口沿呈赭黄色，碗壁有许多土沁，圈足内有护胎釉。胎体薄，碗壁厚度仅有0.3-0.5厘米，制作这种薄胎大碗需要适宜的胎土配比，更需要工匠高超的拉坯和成型的技艺。1951年国家为了根治黄河下游的水涝灾害，在禹县白沙镇以东的河谷中，修建白沙水库。河南省文化局文物工作队、中国社会科学院考古研究所与北京大学考古系在工地进行了抢救性发掘。在白沙水库范围内共发掘了战国至明代墓葬、窖藏约500座，该碗所属窖藏出土有12件瓷器。遗憾的是该窖藏被发现时，坑口及所在地层已全被破坏。1959年，该窖藏瓷器入藏中国历史博物馆。

110.钧窑天青釉托、盏

金

盏高4.7厘米　口径9厘米　足径3.4厘米

托高5.9厘米　口径7厘米　足径5厘米

盏口微敛，托盘中空，高圈足。盏托在东晋已出现，后称茶船，茶托，是承托茶盏以防烫手的用具。据《唐语林》记载，“建中（唐德宗年号，780–783）蜀相崔宁之女，以茶杯无衬，病其熨手”，而用蜡来固定杯子。后人乃将茶杯中部做成环状，即成盏托。宋、金、元时盏托样式繁多，托圈逐渐增高，茶盏与盏托已经成为固定搭配。成套的钧窑带托茶盏流传甚少，故十分珍贵。

111.钧窑天青釉菱口鋬耳洗

金

高7.3厘米　口径17.5厘米　底径5厘米

菱口，圆唇，曲腹外鼓，圜底，口沿的一侧有鋬为月牙形，下附贴一环形耳，造型仿同时代的金银器，洗内出筋，形成花瓣与口沿相合。全器满施天青釉，口沿釉薄处为姜黄色，釉层厚有较多棕眼。裹足支烧，和汝窑的芝麻钉相比，支钉痕粗大。同式洗在铜川市窖藏有出土，龙泉窑、耀州窑、定窑和景德镇窑也烧造相似的鋬耳洗。

112.钧窑天青釉贮水罂

金

高26.6厘米　口径17.5厘米

1987年国家文物局拨交香港海关截获的走私文物

敞口微敛，深腹，略呈瓜棱形。盖顶无钮，呈倒扣的盘形。内外均施天青釉，釉层匀净，口沿由于釉薄呈酱黄色，足露褐色胎。内底刮釉涩圈，曾套烧小件。宋金时期常将水贮存在陶或瓷瓮中澄清，欲烹茶时，将瓮中之水舀入这种较瓮体积小，有盖的罂器中备用。

113.钧窑青釉梅瓶

金–元

高32.2厘米　口径4.2厘米　足径6.3厘米

小口外卷，肩部丰满，瘦长腹，隐圈足。足底可见较多的火石红，胎色青灰，胎体坚实厚重。通体施青釉，釉面均匀有小棕眼。形体修长，婀娜秀美。梅瓶又称为长瓶、经瓶，常出现在宋墓壁画“开芳宴”中，唐、宋、金、元时期主要用于贮酒，为日常生活中的实用器。

114.钧窑天蓝釉贴花兽面纹螭耳连座瓶

元

高58.5厘米　口径17厘米　足径18厘米

1970年内蒙古呼和浩特白塔村出土

浅盘口，长颈，鼓腹，圈足。胎体坚硬，胎色土黄。颈肩部饰双螭耳，螭身有鳞、短尾，头高高昂起；腹部贴塑铺首衔环，器座的上部饰有鳞的兽足。通体施天蓝釉，釉面有缩釉孔，口沿、双耳、铺首及器座的兽足等纹饰凸起处，釉层变薄呈酱黄色，釉汁垂流至器座。造型浑厚，气势宏大。河南窑场生产。

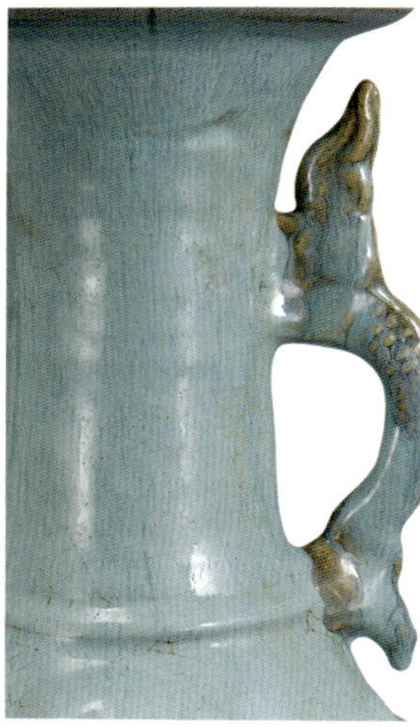

A　　　　B

115.钧窑天蓝釉紫斑兽面纹花口连座瓶

元

高63.2厘米　口径15.2厘米　足径17.5厘米

1972年北京市西城区新街口豁口后桃园元大都遗址出土

口沿翻卷呈五瓣花形，长颈，丰肩敛腹，下腹与五孔座相连，底部露胎处呈现赭红色。颈肩处塑一对摩羯形双耳，瓶腹贴印虎头衔环，虎头前额有一“王”字。通体施天蓝釉，釉色肥润，瓶身有不规则的紫斑。瓶座为五面镂空，瓶座的上部每面隐约可见一兽，呈五兽驮负宝瓶之状。瓶体施厚釉、棕眼多，有垂釉。形制高大饱满，展示了元代瓷器的粗犷奔放。河南窑场生产。该瓶的出土地点是元大都居住遗址，从遗存的建筑和雕刻可以看出元代上层官宦之家的富足生活。该瓶同时出土两件，另一件存首都博物馆。

116.钧窑月白釉紫斑盖罐

元

通高19.8厘米　口径13.5厘米　足径8.5厘米

直口，短颈，弧腹，圈足，胎色土黄。盖顶微隆，有山字形凸起的捉手，施月白釉，釉汁肥厚有橘皮纹，盖及罐腹有多处不规则紫斑，色泽浓淡不一，浓者为紫，淡为蓝绿，两色融合自然。窑变斑中有多处剥釉，系烧制过程中溢出的气泡破裂所致。窑变是因釉料矿物在炉火高温下呈色的物理化学现象，窑变的效果往往难以预测，常是召之不来，不期而至。该罐月白釉和紫斑相衬，美观实用兼而有之。

117.钧窑天蓝釉荷叶形盖罐

元

高18.2厘米　口径9.6厘米　足径8.3厘米

直口短颈，腹部浑圆。口沿、圈足及盖里无釉。胎色土黄。罐盖为荷叶形，盖顶有珠形钮。全器施蓝色乳浊釉，凝厚滋润，口沿及盖面薄釉处为姜黄色。素面无花纹，仅盖面天蓝釉中有紫斑。宋金元墓葬画像砖中，常有荷叶形盖罐与茶托盏同置桌上，推测此类荷叶形盖罐是当时盛茶末或贮水的容器。

118.钧窑青釉双耳罐

元

高15.2厘米　口径16厘米　足径8.9厘米

1959年山东省济南市出土

直口，短颈，圆腹，圈足。两侧的叶形系较宽，便于拿取或穿带提携。内外施青釉，釉色泛灰，口沿、双系等釉薄处呈酱黄色，釉面有开片。造型朴实无纹饰，是元代民间实用器。

119.钧窑青釉双耳炉

元

高12.5厘米　口径8.5厘米

1959年山东省泰安市出土

冲耳束颈，口沿外折，圆鼓腹，圜底，下承短小的三足，足跟露胎。造型小巧，古朴敦实。通体施青釉，釉色滋润匀净，有冰裂纹开片和棕眼，炉颈和下腹处有较多土沁。

120.钧窑带匣钵天蓝釉玫瑰紫斑碗

元

通高11.8厘米　匣钵口径33厘米

碗口径26.5厘米

1950年购自北京市公易拍卖行

该碗置于漏斗形匣钵内，匣钵完整、粗糙坚硬。釉呈天蓝色，色彩斑斓。瓷器在烧制时常有与匣钵粘连的现象，大多是因温度的高低没有完全控制好，釉水流淌到匣钵上发生粘连，以致无法从匣钵中取出。

121.钧窑天青釉紫斑碗

元

高8.5厘米　口径19厘米　足径6厘米

敞口、圆唇、弧腹、圈足。碗内外施天青色釉，内壁有一抹条形紫斑和四个大小不等的点状紫斑，外壁施釉不到底，露土黄色胎，圈足内有墨笔楷书“山驴”二字。元代瓷器中，常有带有“驴”的人名及绰号类墨书题记，内蒙古集宁路、燕家梁遗址出土有“山驴”“李黑驴”“李典驴”等墨书题记的瓷器。这种带有“驴”“奴”等字的称谓，唐至元较为多见。

122.钧窑月白釉菱口紫斑浅碗

元

高3.6厘米　口径13厘米　足径4.3厘米

菱口，浅腹，圈足。胎色浅黄，胎质细腻坚致。釉色浅淡匀净，两抹紫斑较淡，流动自然，紫斑的边缘与月白釉交融在一起。器形精巧美观，釉料和胎泥的选料、制备均十分精细。

123.官窑粉青釉贯耳瓶

南宋

高23厘米　口径8.3厘米×6.6厘米

足径9.7厘米×8.1厘米

椭圆形口、直颈、颈旁附两圆柱形管耳，腹扁圆，高圈足。施粉青釉，釉厚莹润如堆脂，瓶身布满大小不等的开片，器口边缘处透出深色胎骨，底足露黑褐色胎，呈现“紫口铁足”特征。该瓶为礼仪、陈设用瓷，造型仿商周时期的青铜器式样，端庄大气，仅有三道凹弦纹，再无其他装饰。呈现了南宋官窑瓷器以造型见长，以釉色取胜，不事雕琢的特征。

124.官窑粉青釉套盒

南宋

高9.9厘米　口径16.8厘米　足径18.6厘米

五瓣形花口，口内为浅盘，外壁深长，内外施青釉，釉面有冰裂纹，釉色厚润，底露深色胎。套盒通常是把三五个大小相同的盒子，上下相叠套在一起使用。官窑套盒流传下来的不多，如此完整的更是极少。20世纪末，考古工作者在杭州市老虎洞发现了南宋修内司窑，出土的套盒与该器非常相似。

125.官窑粉青釉弦纹樽式炉

南宋

高8.6厘米　口径15.6厘米　底径14.3厘米

直口方唇，筒形腹，平底，三足内收。裹足支烧，胎骨较厚，浅灰胎。炉身饰三组弦纹，造型仿汉代酒樽式样，厚重端庄。通体施粉青釉，大小不等的开片呈自然开裂。南宋官窑吸收了北宋官窑、汝窑和南方龙泉窑的特点，器形古朴肃穆，以薄胎厚釉、粉润如玉为典型特征。

126.官窑粉青釉三足炉

南宋

高12.2厘米　口径17厘米

圆唇口、口沿上立两圆形耳、口下微束、鼓腹平底、底承三足，造型简洁。通体满釉、釉色粉青，因厚釉中含有大量的小气泡和未熔石英颗粒，使器表的光线发生散射，釉色柔和朦胧呈半透明状。该器用于陈设或焚香，大形尚简，外轮廓的线条处理细致讲究，反映了对造型的精准控制能力。

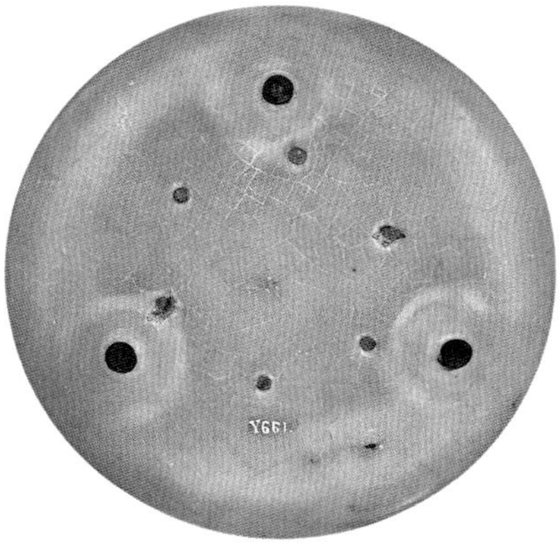

127.官窑青釉三足炉

南宋

高8.6厘米　口径11.4厘米　底径8.3厘米

1953年上海市青浦县任明墓出土

圆唇口微侈，口沿下微束，口沿立两环耳，腹丰满，下承以三足。釉色灰青，施釉至足，釉面有开片，口沿有少许剥釉。环耳及腹部可见白色物质附着，唇口及环耳釉薄之处，可见深色胎骨，外底有六个支钉痕，足露深褐色胎。

1952年上海市青浦县农民在田间劳动时偶然发现了任氏家族墓群，并有文物出土，后当地文管会将已出土的流散文物收集，归藏文博机构。墓群中出土瓷器、漆器、铜器等71件，从出土的六块墓志和三块墓碑得知，墓群是元代著名的水利专家、画家任仁发的家族墓。

该三足炉出土于任明墓中。任明生于元至元二十三年（1286），卒于至正十一年（1351），享年66岁，为赣州路总管府事（任明后过继于姑家，遂改姓陈）。任明墓中出土官窑瓷器8件，其中4件于1959年拨交中国历史博物馆。

128.官窑青釉贯耳瓶

南宋

高12.4厘米　口径3厘米　足径5.3厘米

1953年上海市青浦县任明墓出土

直口长颈，与口齐平处附两管状耳，球形腹略扁，圈足。通体施青釉，釉色偏灰，深沉凝重，乳浊失透，颈的上部有聚釉，用手触摸有增厚凸起感。开片布满全身，片纹大小较均匀，纵横交错、深浅不一。圈足内满釉，垫烧。仿商周时期的青铜器造型，无任何纹饰，即可作为陈设器点缀室内，也可作为容器插入花草。

129.官窑青釉胆式瓶2件

南宋

高14.2厘米　口径2.1厘米

腹径7.6厘米　足径5.2厘米

1953年上海市青浦县任明墓出土

直口长颈，溜肩垂腹，圈足。釉面均匀，釉色青灰，釉层厚、开冰裂纹，口沿釉薄处和圈足无釉处呈现“紫口铁足”，颈的上部有聚釉，手抚之有凸起感。该瓶器形小巧规整，古朴简洁，除了自然形成的开片，再无其他纹饰。

130.哥窑葵瓣口盘

南宋–元

高3.5厘米　口径15.5厘米　足径4.8厘米

葵瓣口，浅腹弧壁，小圈足。通体施青釉，口缘釉较薄，露深色胎体，足跟露胎呈黑褐色。釉面布满黑色片纹，纵横交错、疏密适中。哥窑纹片有多种，大多细碎，纹片布满全身却紧致不剥落，被称为“百圾碎”。该盘器形工整，制作精致，轮廓曲线婉转自然。

131.哥窑鱼耳簋式炉

南宋—元

高8.7厘米　口径11.9厘米　足径17.2厘米

圆唇敞口，矮身阔腹，腹两侧各有一鱼形耳，圈足。通体施釉，釉色灰黄，器身密布细碎片纹，呈深浅两色，是高温烧制时釉和胎的膨胀系数不同，冷却时釉面形成深浅不一、疏密有致的裂纹，经人工染色形成金丝铁线。哥窑胎土含铁量较高，“紫口铁足”的特点与南宋官窑相似。该炉为陈设品，造型源于商周时代青铜簋的样式，胎骨虽厚重，却精致规整。

哥窑的烧造年代和产地多年来一直存在争议，烧造年代主要有南宋、南宋至元和元代三种观点，产地有龙泉、杭州和景德镇等不同观点。

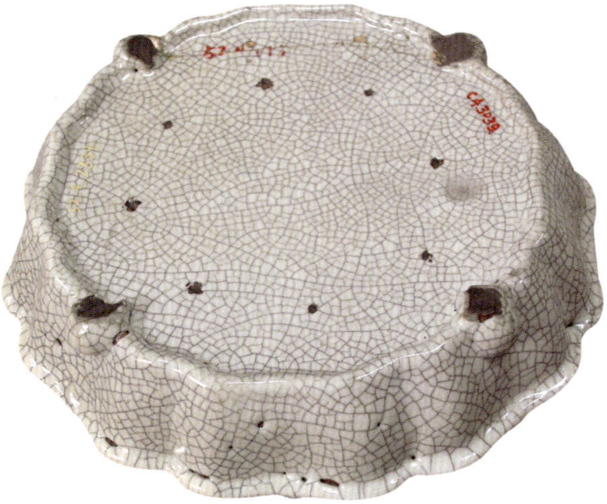

132.哥窑菱口四足洗

南宋–元

高4.9厘米　口径21.3厘米　足径17.2厘米

方唇，菱口，口上有8个圆珠形凸起，浅腹下收，四足亦为圆珠形，和口沿形成上下呼应。沿着起伏的菱口，腹壁做出凹凸的棱线。内外及底满釉，自然形成的细碎纹片密如织网，底有支钉8个。文房用具，造型古朴典雅。

133.青白釉莲瓣纹多孔盖罐

北宋

高33.3厘米　口径6.7厘米　足径19厘米

直口，罐呈四级塔式，圈足。施淡青色釉，积釉处呈现水绿色。盖钮为花苞形，花苞下有一周细密的小花瓣；盖面饰双层覆莲瓣纹，莲瓣形成的盖沿向上翘起。罐身腹径从上至下逐层加大，形成塔式，每层刻划双层莲纹，莲瓣中划出竖纹和花蕊。第二、三、四层各有五个凸起的管孔，共有15个管孔。多孔盖罐是墓中随葬品，放置在墓主人的头旁或身体一侧，以安灵魂，佑护子孙。

134.青白釉象耳盖罐

北宋

通高22.4厘米　口径5.8厘米　足径8厘米

直口束颈，溜肩圆腹，圈足。罐盖形如同倒扣的碗，颈部贴塑一对象耳，足底可见垫烧痕迹。釉层薄、多处剥釉，口沿和肩部可见釉有较明显的磨蚀。北宋时期的青白釉瓷器由于釉层薄，磨釉现象十分普遍。该罐为盛放酒、水的容器，颈部的象耳便于提拿把持，盖取下可作为酒碗，一物两用，实用与美观完美结合。

135.景德镇窑青白釉酒注、温碗

南宋

酒注：

高23.2厘米　口径4.1厘米　足径8.8厘米

温碗：

高20.9厘米　口径17.4厘米　足径10.5厘米

1983年江苏省镇江市登云山南宋墓出土

酒注直口，圆肩鼓腹，筒形盖，盖钮扁，弓形柄，细长流，圈足。温碗敞口，高圈足，胎质细腻，釉色青中泛白。酒注与温碗的外壁均刻莲瓣纹，是一套精美的酒器。

魏晋之前，古人流行饮凉酒后服五石散。孙思邈《千金翼方》中载：“凡是五石散先名寒食散者，言此散宜寒食，冷水洗取寒。唯酒欲清热饮之，不尔，既百病生焉。”唐诗中有“烧柴为温酒”“林间暖酒烧红叶”的句子，说明唐代饮温酒之风渐盛。始见于五代的瓷酒注、温碗到北宋时广为流行，将盛酒的酒注放入温碗之中，碗内加入热水，酒被加热后斟入台盏或杯中饮用，酒味更香浓。

A
B

136.潮州窑青白釉黑彩释迦牟尼坐像2件

北宋

136-1、136-2　通高31厘米

底座长10.6厘米　底座宽10.3厘米

136-3　通高31厘米　底座直径10.1厘米

1922年广东省潮州市羊皮岗出土

释迦牟尼佛身披袈裟，端坐于须弥座上。头束发髻，嵌宝珠一颗。面庞丰盈，眼睑低垂，双目下视。双手放在腿上，被衣裾遮盖，手印不明。施青白釉，其发冠须鬓、眉眼呈黑褐色。衣纹流畅，神态雍容庄严。全身裂纹，土沁渗入釉下，耳垂残缺。底座四面铭文为：“潮州水东中窑甲，弟子刘扶同妻陈氏十五娘发心塑释迦牟尼佛，永充供养，为父刘用、母李二十娘阖家男女，乞保平安。治平四年丁未岁（1067）九月卅日题，周明。”

须弥座的一角在烧制过程中裂开。底座的四面有52字铭文：“潮州水东中窑甲，弟子刘扶同妻陈氏十五娘发心塑释迦牟尼佛，永充散施供养，为父刘用及阖家男女，乞保平安。熙宁元年戊申岁（1068）五月廿四日题，匠人周明。”

1922年秋，潮州城一支军队的士兵在挖掘战壕时，意外地挖到一个石室，石室内藏有四尊释迦牟尼像和一件莲瓣纹炉。佛像底座的四面都刻有铭文，一件为治平四年，两件为熙宁元年，一件为熙宁二年。4件佛像的铭文中都刻有“潮州水东中窑甲”和匠人“周明”的署名。佛像被挖出后，被军阀卖给古董商，几经辗转后被一香港商人买入。1958年，广东省文管会从香港购回，现另两件存广东省博物馆。水东中窑是潮州窑窑场之一，在潮州市笔架山的中部，始烧于唐代，终于元。主要烧制青白釉、青釉、酱釉瓷器。

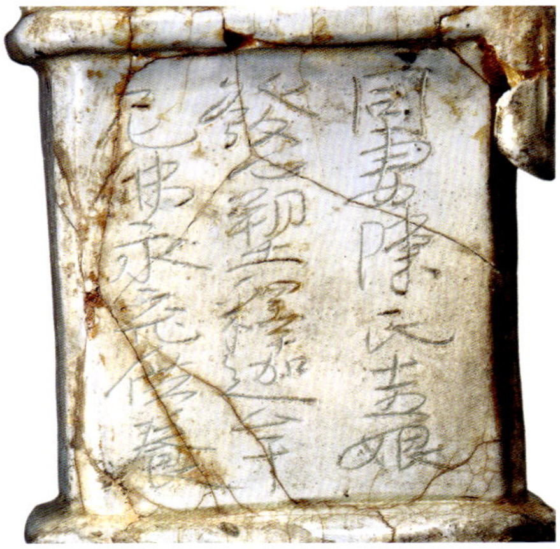

137.青白釉印花花口瓶

南宋

高16厘米　口径7.5厘米　足径7.5厘米

海南省西沙群岛华光礁一号沉船遗址出水

花口外翻，颈微束，圆肩，鼓腹，矮圈足外撇。釉色淡青，釉面有冰裂纹。底足露胎，胎色白。口沿有残，颈部两组弦纹、瓶身刻划五瓣朵花，花纹疏朗。该瓶用模具做成，分别做出瓶腹和颈部，然后粘接。

1998-1999年，水下考古人员对西沙群岛华光礁一号沉船遗址进行了抢救性试掘，出水文物849件，以青白釉瓷器为主，器形主要有碗、碟、瓶、壶、粉盒等。

138.青白釉围栏式座灯盏

南宋

高6厘米　口径7厘米　足径4厘米

1998年国家文物局拨交香港海关截获的走私文物

灯盏分为上下两层，盏内立一圆管，高约2厘米，管的下部开一口可引入灯捻，盏的外壁刻双层莲瓣纹。底座塑六方形的围栏，中心一柱托起灯盏。该盏设计得小巧敦实，围栏使得底座增加了厚重，稳定性好，还兼具柄的作用，便于执拿移动。

139.景德镇窑白釉印花莲纹葵口折沿盘

南宋

高2厘米　直径16厘米　足径5.5厘米

广东省台山海域“南海一号”沉船出水

葵口折沿，浅腹矮圈足，白胎白釉。七曲花瓣形，口沿印荷花纹，盘心印荷花一朵，四周饰水波纹，花纹纤细清晰。制作工艺一丝不苟，胎、釉、器形均完美。

“南海一号”沉船是赴东南亚或中东地区的商船，南宋时沉入海底20多米深处，被2米厚的海底淤泥覆盖，形成密封状态。2002年，水下考古队从沉船一个受损的舱体中打捞出金器、铜器、铁器、银锭、瓷器、玉器等文物4500多件，以瓷器为主，有龙泉窑、德化窑、磁灶窑、景德镇窑等著名窑场的瓷器。淤泥密封在一定程度上阻隔了海水和海底微生物对瓷器的腐蚀和磨损，因而打捞出水的瓷器釉面光洁，保存得十分完好。在对“南海一号”沉船的数次探摸中，发现了数千枚铜钱，大多数为北宋时期，小部分是南宋时期，初步推测沉船年代在南宋初期。2007年底，“南海一号”沉船整体打捞出水，中央电视台连续跟踪直播了出水过程。目前“南海一号”沉船正在广东海上丝绸之路博物馆进行保护、清理、研究。

140.景德镇窑白釉印花菊瓣口折沿盘

南宋

高1.5厘米　直径16.5厘米　足径6厘米

广东省台山海域“南海一号”沉船出水

口沿为菊瓣形。白胎。施白釉，釉面莹润，开片布满全身、局部有沁。外底可见窑粘，圈足矮，盘内印荷花纹。由于受周围金属物的影响，开片中沁入黑色。从底足施釉的水平可以看出景德镇窑非常重视细节。

141.景德镇窑青白釉印花婴戏纹碗

南宋

高5厘米　直径20厘米　足径5.5厘米

广东省台山海域“南海一号”沉船出水

南宋青白釉碗的形制多样化，有斗笠碗、高足碗、侈口碗、葵口碗等。该碗为斗笠式，釉薄，施釉到底，矮圈足，胎色白。碗内印两婴儿戏于花中追逐戏水，四周浪花飞溅，构图简练、疏密有致。婴戏纹图案在宋代瓷器中十分常见，南北方各窑均有烧造，但风格不同。

142.景德镇窑青白釉印花蔓枝纹花口碗

南宋

高5厘米　直径10.5厘米　足径4.3厘米

广东省台山海域“南海一号”沉船出水

菊瓣形花口，弧腹，小圈足，白胎。青白釉，釉面光泽，细滑平整。口沿涩胎，底足满釉，可知在窑中覆烧而成。碗内枝蔓筋脉凸起，从内到外呈旋转状延展开来，布局和纹饰罕见，同船出水有相同花纹的盘子，应是配套使用。

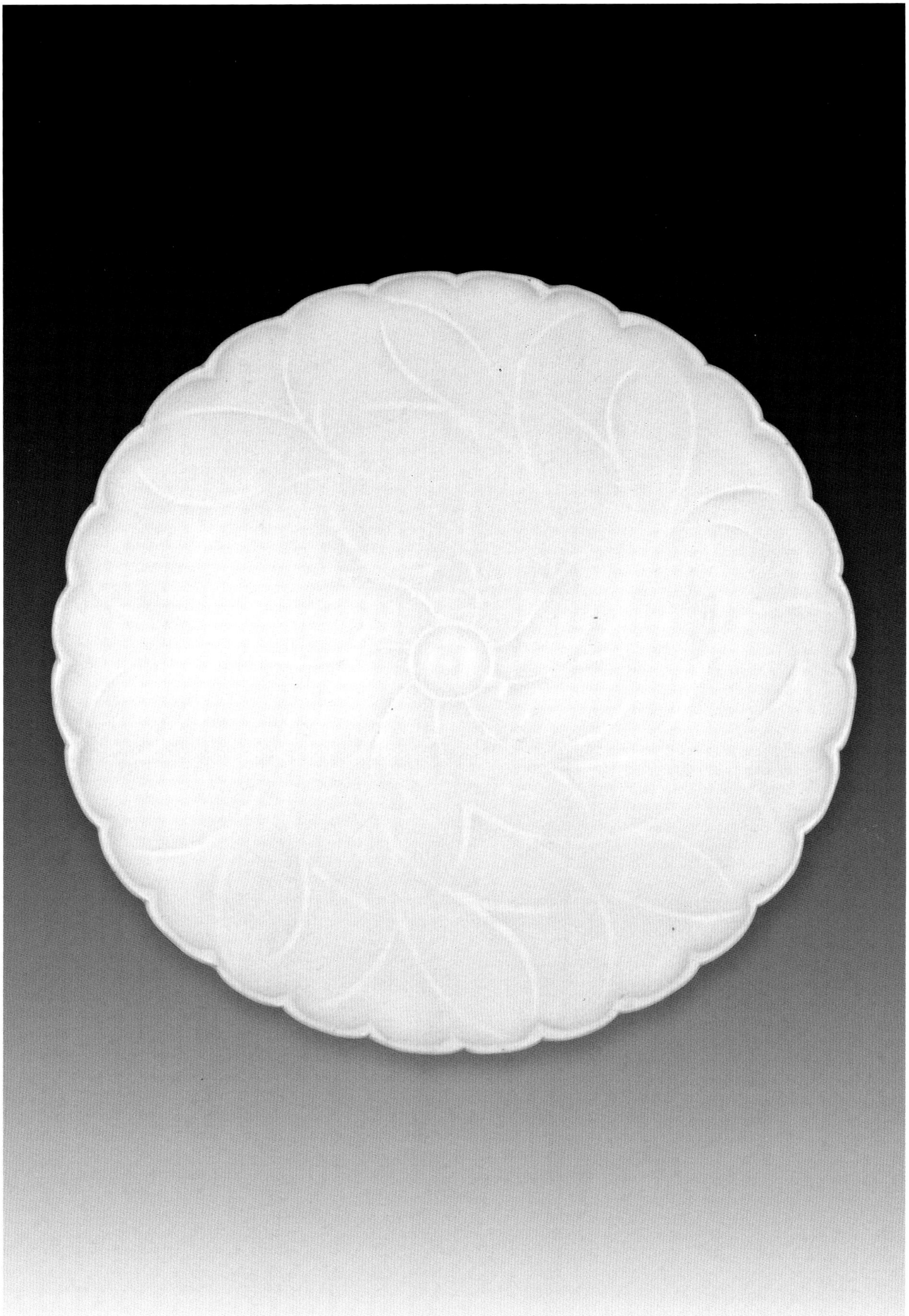

143.景德镇窑青白釉印花蔓枝纹花口盘

南宋

高3厘米　直径18厘米　足径5.5厘米

广东省台山海域“南海一号”沉船出水

菊瓣形花口，浅腹，圈足。胎、釉的质量非常好，印纹为凸花，枝条呈旋转状延展，值得注意的是，与其相同纹饰的碗采用了不同的装烧方式，碗是覆烧而该盘为正烧。花纹具有异国风格，应是外国客商订购的瓷器。

144.景德镇窑青白釉菊瓣碗

南宋

高4.5厘米　直径12厘米　足径3.5厘米

广东省台山海域“南海一号”沉船出水

花口，斜腹，圈足。碗内壁凹凸起伏，呈花瓣形，俯视如绽放的菊花。釉色青白，玻璃质感强，施釉至足，垂流的釉汁聚集在碗内，犹如绿色宝石般晶莹剔透。底足满釉，垫烧。

145.景德镇窑青白釉印花莲纹花口盘

南宋

高2.5厘米　直径17厘米　足径4.7厘米

广东省台山海域“南海一号”沉船出水

菊瓣口、折沿浅腹、矮圈足。施青白釉，釉面光滑平整，透明度高。盘沿印卷草纹，盘内模印凸纹莲花。盘面有一较明显的黑色疵点。

146.景德镇窑青白釉印花盘

南宋

高2.5厘米　直径18厘米　足径5.3厘米

广东省台山海域“南海一号”沉船出水

涩口平沿，浅腹矮圈足，底足满釉，覆烧。施青白釉，釉面光滑平整，盘面有几处黑色疵点。盘心模印仰俯莲各一朵，周围印四季花卉，纹饰纤细清晰，制作精细工整。

147.景德镇窑青白釉高足杯

南宋

高7.1厘米　口径7.7厘米　足径3.7厘米

1998年国家文物局拨交香港海关截获的走私文物

直口，弧腹，高足外撇。胎色白，施青白釉。江南墓葬中此式杯常与盏托、酒注、温碗同出，组成一套完整的酒具。

148.景德镇窑青白釉谷仓

宋

高21.5厘米　口径12.4厘米　足径13.2厘米

圆桶形屋宇式谷仓，通体施青白釉，釉面有大量开片。仓顶覆盖半圆形筒瓦，扣合相叠、清晰逼真。仓外有12根立柱撑于底座。仓房底部悬空，顶有密实的筒瓦，能有效地防潮避虫。该器是墓中随葬品，属于明器，其仿真造型是南宋时期江南储粮谷仓的真实缩影。

149.青白釉划花云气纹花口碗

南宋

高4.5厘米　口径17.5厘米　足径6厘米

广东省台山海域“南海一号”沉船出水

花口厚唇，弧腹，小圈足。底无釉，露灰白胎，胎质细腻。碗内外施青白釉。内壁用双弧线划出六瓣花形，纹饰似云气纹，快刀刻划、洒脱简洁。福建南部窑场生产。

A

B

150.景德镇窑青白釉堆塑瓶

南宋-元

高87厘米　口径9.3厘米　足径11.2厘米

笠帽式盖，盖顶一展翅立鸟，盂口，颈部修长，圆腹，圈足外撇。肩腹交接之处一周凸起边沿，承托12尊立俑，其上贴塑凤鸟、奔马；一巨龙盘绕，鳞甲毕现、极显威武之势。龙脊上一朵流云将圆日悬空托起。施青白釉、有较多开片和剥釉，釉不及底，灰白胎稍疏松。该器装饰繁复、集捏塑、模印、刻划为一体，为同类瓶中的精品。堆塑瓶又称魂瓶，皈依瓶、宋元时期流行于江西及邻近的湖北、湖南、福建、浙江等地，墓葬中常有一对堆塑瓶随葬，只是精细繁简、大小高矮不同而已，瓶中装有谷物，是为墓主准备的阴间仓廪。江西贵溪道教第三十六代天师张宗演的墓中也随葬有堆塑瓶，因瓶上堆塑的文武俑、龙虎、日月等都是道教中的神物，因此有研究者认为堆塑瓶是当时道教信徒的随葬品。

151.景德镇窑青白釉凸花夔龙纹双耳尊

元

高41.6厘米　口径5.1厘米　足径12.9厘米

方口，长颈，扁腹，方足。颈部两侧有一对戟耳，全器满饰凸花，造型仿商周青铜器，体形大、轮廓硬朗。腹部饰夔龙纹、如意云头纹，颈部和胫部饰云纹。制作方形器，工艺比较复杂，不像圆器那样可以利用陶车的旋转，直接拉坯而成，需将坯泥先制成片状，再切割、粘接而成，工艺难度较大。

152.景德镇窑青白釉刻划花牡丹纹玉壶春瓶

元

高29厘米　口径8厘米　足径9.4厘米

1956年山东省济南市出土

撇口，细长颈，圆腹，圈足。足内有釉，垫烧，造型匀称。釉色青白，釉面有细小开片。颈部刻划蕉叶纹，腹部饰折枝牡丹花，胫部为莲瓣纹，刻划刀工虽不深，但纹饰十分清晰。

153.景德镇窑青白釉三联盒

元

高5.5厘米

1998年国家文物局拨交香港海关截获的走私文物

三盒联为一体，盒盖上贴塑三条并行的花枝形成提手和一大三小四朵花。通体施青白釉，子母口咬合处无釉。盒，始见于隋，盛于唐宋，北宋晚期后，社会对瓷盒的需求量大增。因美观实用，妇女们用这种盒子盛放化妆品，如胭脂、粉黛、香料等物，在景德镇出现了专门生产盒子的作坊。

154.景德镇窑青白釉点褐彩犬

元

高6.1厘米　通长10厘米

1998年国家文物局拨交香港海关截获的走私文物

犬卧伏，颈上昂，四肢和腹部着地，臀部隆起。胎质洁白致密。施青白釉，双目、鼻、两耳、背脊、四足等处点褐彩。犬身的比例准确，背脊处骨骼清晰，是景德镇窑瓷塑艺术的杰作。

155.枢府釉折腰碗

元

高4.3厘米　口径13.3厘米　足径4.5厘米

敞口折腹，小圈足。折腰碗又称折腹碗，是元代流行的碗式。采用印花工艺在碗内饰一周回纹，回纹下饰缠枝花，器内隐约可见“枢府”款，外壁可见拉坯旋纹。通体施卵白釉，釉面匀净，光滑细腻，体现了枢府瓷的官用品质。枢府瓷是元代皇家军事机构枢密院的定烧瓷器，器上常见“枢府”款，故称为枢府瓷。

156.德化窑白釉菊瓣纹注子

南宋

高20厘米　口径5厘米　足径7.5厘米

广东省台山海域“南海一号”沉船出水

喇叭形口、长颈、圆腹、圈足，长流弯曲、相对一侧有把柄。通体施白釉，釉薄，布满细小开片。釉未施到底，露灰白胎。腹壁装饰菊瓣纹，壶身有大片深灰色沁斑。腹部正中有一道明显的接胎痕，是上下合范粘接时留下的痕迹。

157.德化窑白釉折枝花果纹六方注子

南宋

通高25厘米　足径7.5厘米

广东省台山海域“南海一号”沉船出水

口微撇，器盖隆起有一锥状钮与筒形小系，束颈，腹呈六方形，曲流细长微弯、流口斜削，对侧有宽带曲柄、柄上有一小孔，可穿绳和壶盖相连。平底实足、胎色灰白。该器模制成型，造型仿金银器，轮廓硬朗。通体施白釉，积釉处可见水绿色。腹部印折枝花果纹。德化窑是福建沿海地区外销瓷的重要产地，屈斗宫、碗坪仑两处窑址已经过科学发掘，其釉质滋润、胎质洁白，产品质量很高。德化地处闽江水系和晋江水系的交界处，河流在泉州港汇入南海，宋时大量德化瓷从该港运往海外，《马可·波罗游记》中有对德化窑瓷器的记载。

158.德化窑白釉长颈贴兽耳衔环注子

南宋

高25厘米　口径7.5厘米　足径8厘米

广东省台山海域“南海一号”沉船出水

折沿长颈，壶盖下凹呈碟式，长颈微束几乎占了全器一半的高度，颈肩部有弯曲长流，对侧有扁形曲柄，颈贴塑铺首衔环，鼓腹圈足，圆腹重心较低。颈及腹部可见接胎留下的痕迹。全器施白釉，釉层薄，釉面洁白有细小的开片，腹部有大片深灰色沁渗入釉下。水下考古人员在“南海一号”沉船整体打捞前的探摸中，发现了大量分层套叠的铁锅，以篾片包扎、再覆以竹席，码放在瓷器的上方，由于海水长时间的浸泡、腐蚀，铁锅发生了氧化，推测该壶上的深灰色沁是与周围的铁器产生了化学反应所致。

159.德化窑白釉莲纹四系罐

南宋

高9厘米　口径4.5厘米　足径6.5厘米

广东省台山海域“南海一号”沉船出水

罐直口短颈，肩部有对称的四系，圆腹平底。施白釉，模印凸起的卷草纹，近足处为仰莲纹，釉不到底，胎白。底有墨书“吴□”。“南海一号”沉船中少量出水瓷器的底足有毛笔书写的文字，推测可能是姓氏、地名、官职、工匠的落款、货主的记号，或是船上员工的名字。

160.德化窑白釉印花卷叶纹小罐2件

南宋

高8.1厘米　口径2.5厘米　腹径7.3厘米

足径3.9厘米

高8.0厘米　口径2.3厘米　腹径5.9厘米

足径3.4厘米

广东省台山海域“南海一号”沉船出水

直口，短颈，圆肩，肩部有对称的双系，鼓腹下收，平底，底足无釉。通体施白釉，釉薄，釉面有冰裂纹。罐身模印凸花，肩饰联珠纹，腹部饰仰莲纹、罐腹中间有一道明显的接胎痕，足底露胎，胎白、胎质较疏松。该罐模制成型，工艺简单规格一致、省工省料省时，因而模制成型工艺得到广泛的应用。

161.德化窑白釉莲瓣纹小瓶

南宋

高9.8厘米　口径5厘米　足径5.3厘米

广东省台山海域“南海一号”沉船出水

撇口束颈，圆肩瘦腹，圈足外撇。通体施白釉，腹部模印两组仰莲纹，腹部中间一道明显的接胎痕，为上下范对接时留下的痕迹。模制法需先做模，然后制范。产品的质量高低，取决于模、范的优劣。足底露胎，胎白，胎质较疏松。

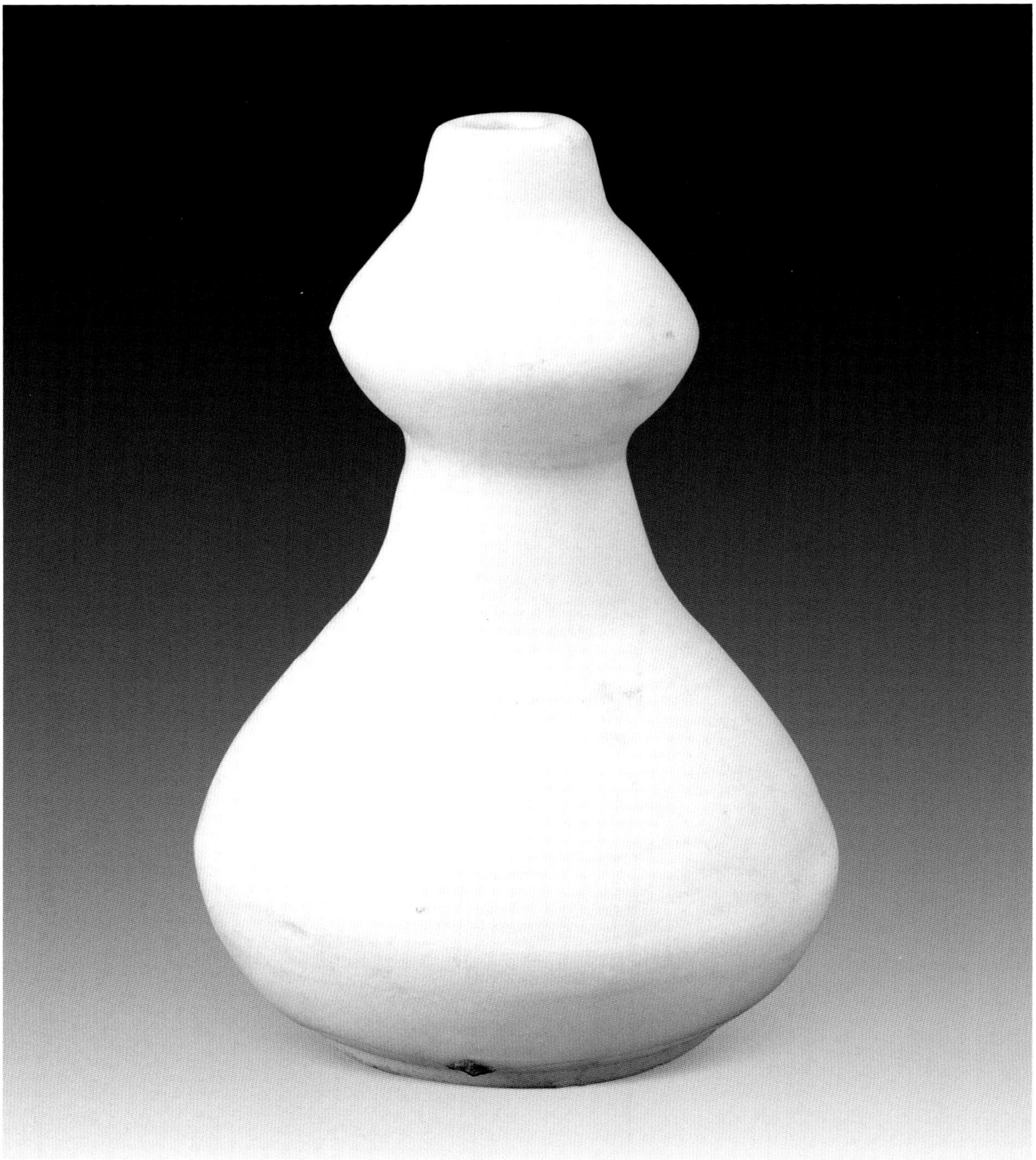

162.德化窑青白釉葫芦瓶

南宋

高8.5厘米　口径1.3厘米　足径3.8厘米

广东省台山海域“南海一号”沉船出水

敛口细腰，上腹小而扁，下腹溜肩。胎质细白，釉色青中显白。瓷制葫芦瓶最早见于唐代，民间认为葫芦是多子的象征，又因形似袋，袋与代同音，故有子孙万代、万代居官之意。宋代道教兴起，儒、释、道三教在理论上逐渐融合，葫芦被赋予宗教含义，既能贮存仙丹，也可盛放佛骨舍利，还能驱邪降福、福缘善庆。因葫芦瓶谐音“福禄”，寓意吉祥美好，故宋代以后葫芦形器有较多生产。

163.德化窑白釉篦划锯齿纹大碗

南宋

高7厘米　口径26.5厘米　足径8.7厘米

广东省台山海域“南海一号”沉船出水

敞口折沿，弧腹圈足，灰白胎，胎厚。内壁篦划十组之字纹或称锯齿纹，碗内有五个细长支钉痕，采用齿状垫圈叠烧。全器施白釉，釉薄呈半乳浊状，圈足内有墨书“大用置”三字。

164.德化窑白釉刻划花莲纹大碗

南宋

高6.5厘米　口径31厘米　足径19.5厘米

广东省台山海域“南海一号”沉船出水

扳沿，弧腹、圈足宽厚，白胎。内外施白釉，釉层薄。扳沿处刻划卷草纹，内壁刻划三枝荷花，枝叶舒展，花瓣内以篦划纹填充，盘心饰五瓣花一朵。该碗直径31厘米，容量很大，可能为外销而制作。

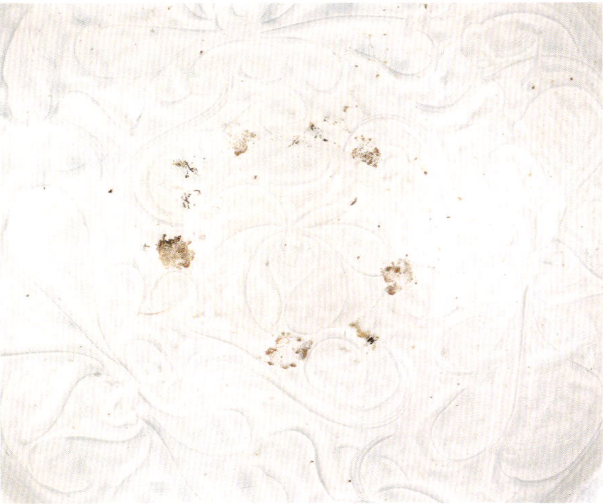

165.德化窑青白釉刻划花莲纹大碗

南宋

高8厘米　口径31.5厘米　足径9.5厘米

广东省台山海域"南海一号"沉船出水

扳沿，弧腹，圈足宽厚。盘沿刻卷草纹，盘内刻划盛开的牡丹，疏朗率意。釉色青中泛绿、釉面不太平整，盘口有一处缺损。胎较厚，胎色白。盘的内底有六个支烧痕，系采用齿状垫圈叠烧。德化窑海碗体形硕大，在同时代的南北方各窑场中颇有特色。

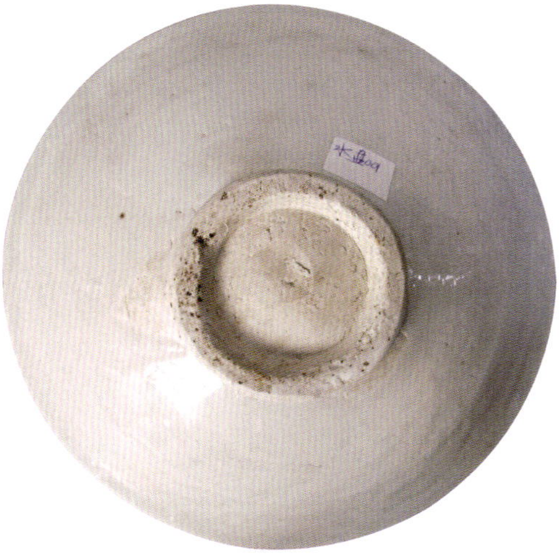

166.德化窑白釉刻划花卷叶纹大碗

南宋

高8厘米　口径30厘米　足径9厘米

广东省台山海域“南海一号”沉船出水

敞口斜腹，矮圈足。施青白釉，碗内刻划卷叶纹，盘的内底有五个支烧痕，为匣钵内多件碗叠烧。宋元时期，政府鼓励海上贸易，在广州、明州、泉州等地建立了市舶司，得益于邻近的泉州港的地理优势，德化白瓷源源不断输往东亚、东南亚，并远抵非洲一带。日本、菲律宾、印度尼西亚等国都曾出土宋元时期的德化窑瓷器。

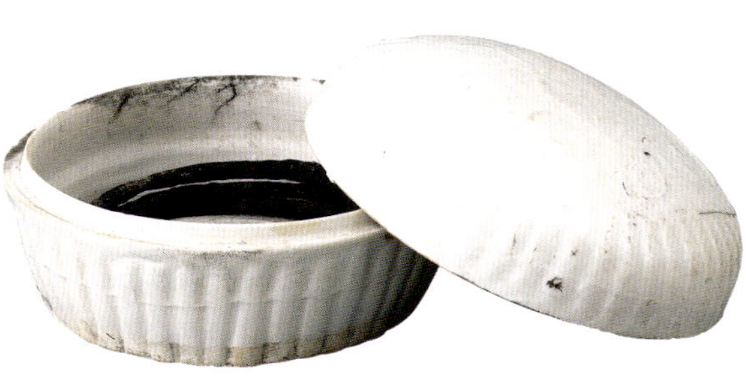

167.德化窑白釉印花牡丹纹粉盒

南宋

高6.5厘米　口径10厘米　足径9厘米

广东省台山海域“南海一号”沉船出水

盒盖圆弧顶，盖面中央印折枝牡丹，盖壁及盒身饰瓜棱纹，子母口、釉色白、平底内凹无釉、模制成型。盒内有黑色金属圈5个，盒的口沿处可见沁色。同船装载的粉盒数量很多，有圆形、八方形、瓜棱形，具有相同的釉色和胎质，应该来自同一窑场。福建德化地区各窑场生产的盒子盖面达上百种，有专门生产盒子的作坊。

168.德化窑青白釉八方粉盒

高4.5厘米　口径10厘米　足径8.5厘米

广东省台山海域“南海一号”沉船出水

盒为八方形，分为盒盖、盒身两部分，模制成型，盒盖平坦，与盒身子母口咬合。平底内凹，无釉露胎，胎色灰白。内外施青白釉，釉层薄。宋元时期，盒是用途广泛的日常生活用品，可做药盒、油盒、粉盒、黛盒、珠盒，还可盛放各种食物、香料。在德化窑的外销瓷中，粉盒数量较多，海上丝绸之路沿线各国出土了大量粉盒，应是广受青睐的一种器具。在南海一号沉船中，粉盒在船舱中被层层叠叠的紧密排放，数量很大。

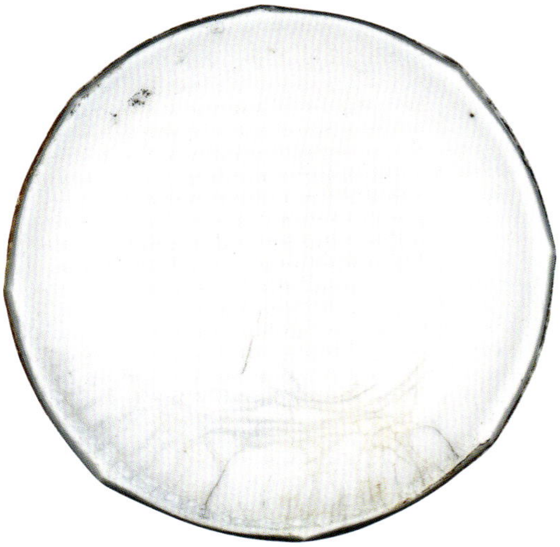

169.龙泉窑青黄釉刻划花牡丹纹五管盖瓶

北宋

高25.2厘米　口径8.4厘米　足径8.5厘米

瓶身为五级塔式，逐级腹径变大。五管紧附着于瓶身，中空与腹内不相通。盖呈圆弧面，饰莲瓣纹，钮为瓜蒂形。底足无釉、灰胎。釉色青中带黄，釉面均匀，有开片。瓶外壁刻划缠枝牡丹，花瓣内填充篦纹，纹饰纤细，近底部刻一周莲瓣，与瓶盖纹饰相呼应。五管瓶是从唐代的多角瓶演进而来，放置墓主人身旁，反映了普通百姓对亡者灵魂安宁、五谷丰登、护佑子孙的诉求。

170.龙泉窑青釉刻划花牡丹纹盘口瓶

北宋

高32.3厘米　口径13.3厘米　足径11.5厘米

1949年霍明智先生捐

盘口，长颈，鼓腹，平底。盖失，颈肩交接处略凹，饰三道旋纹，腹部由五条凸起的竖线将瓶身分为五格，每格内刻划折枝花，花瓣内填篦划线。釉色青中带黄，釉面匀净。盘口瓶是两宋时期江浙一带墓葬中的明器，常与五管瓶一同置于墓中，盘口瓶内盛酒，五管瓶内装谷，以安灵魂，以佑儿孙。

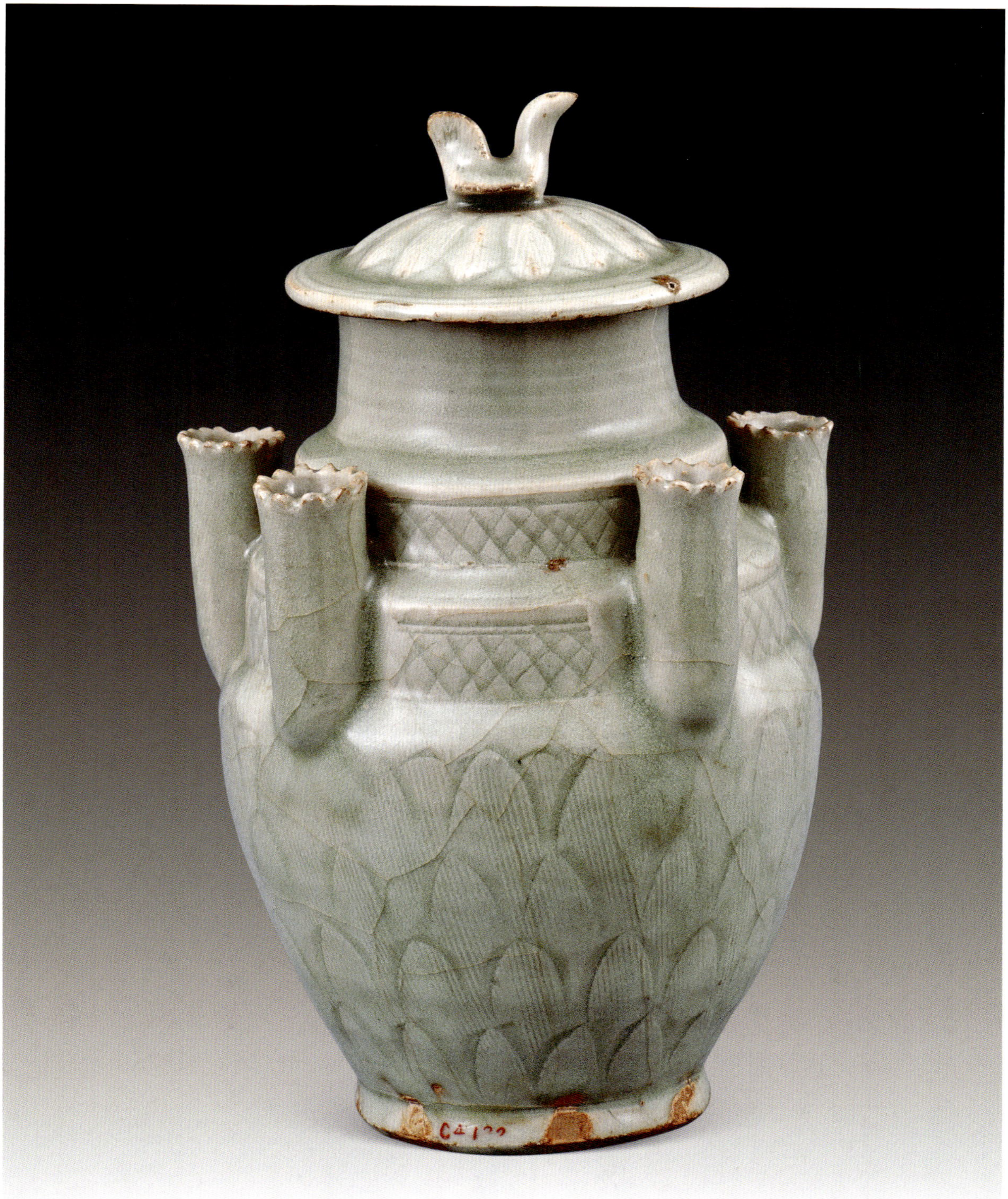

171.龙泉窑青釉刻划花莲纹五管盖瓶

宋

高23.3厘米　口径7厘米　足径7.7厘米

瓶盖隆起呈圆弧形，鸟形钮，盖面刻宽莲瓣纹，瓶体为塔式，底足无釉，刻有“何宅”二字。通体施青釉，釉色鲜翠，釉面莹润光亮。肩部塑有五个类似荷茎的管，管口修饰成锯齿状，五管与腹部不相通。瓶身第二、三级刻菱形纹饰，瓶腹刻划五层莲瓣纹，花瓣内饰有篦纹。

172.龙泉窑粉青釉刻划花莲纹碗

南宋

高4.9厘米　口径13厘米　足径3.3厘米

口外侈，斜壁，小底、圈足。施粉青釉，呈半透明玉质感。碗内刻划莲纹，内底微凸。口沿有两处窑粘，是烧制过程中与匣钵接触粘合所致。

173.龙泉窑粉青釉鬲式炉

南宋

高18.7厘米　口径25厘米

镶铜口，折沿，束颈，扁圆腹，圜底承三足。足跟无釉，露褐红色胎。通体施粉青釉，莹润肥厚，下腹部有少量开片。颈肩部一周弦纹，三条凸棱从肩腹部延伸至足；凸棱釉薄之处，隐约露出浅色胎体，是为“出筋”。造型仿商代陶鬲，造型圆润古朴、端庄大气，龙泉窑烧制的鬲式炉多在南宋晚期至元代。

174.龙泉窑梅子青釉弦纹贯耳壶

南宋

高33.3厘米　口径11.1厘米　足径12.7厘米

侈口长颈，贯耳，溜肩垂腹，圈足。施釉至足，足内有釉，仅足端处无釉，釉呈梅子青色，与初生梅子色相近，釉面呈半透明状。梅子青釉极为难得，采用多次上釉、多次素烧的工艺制成。贯耳壶源自古代青铜器式样，该壶在细节上做了修改，壶身轮廓流畅起伏，瓶身仅用三道弦纹做装饰，十分简洁。

175.龙泉窑青釉荷叶口碗

南宋

高4.9厘米　口径11厘米　足径4厘米

荷叶形口，弧腹，小圈足。足底无釉，露胎处呈浅灰色，胎质细腻。施釉均匀厚润，釉色青中微泛黄，有开片。碗形小巧别致，犹如水中漂浮的荷叶，别具新意。

176.龙泉窑青釉菊瓣形盘

南宋

高3.5厘米　直径19厘米　足径5.5厘米

广东省台山南海海域出水

菊瓣口，浅腹，凹凸起伏的棱线形成了紧密排列的70片菊花瓣，内底平坦，盘心饰两周弦纹，弦纹内仍饰菊瓣，只是较外层的菊瓣小了许多，俯视盘形为一朵盛开的菊花。胎厚，胎色灰，裹足，用泥饼置于足内，托底垫烧。该盘为模压成形，盘内外施青釉，釉层厚，垂流至圈足形成积釉，犹如宝石般深邃碧绿。盘面釉色一半青绿一半暗黄，推测是在窑内烧制的后期，降温冷却过程中出现的技术问题所致。菊瓣形碗盘在宋、金代两代生产的数量较多，目前所见菊瓣盘多为龙泉窑和定窑产品。

177.龙泉窑青釉刻划花莲纹盘

南宋

广东省台山南海海域出水

高3厘米　直径15.5厘米　足径5.5厘米

敞口浅腹，圈足。内外施青釉，釉色莹润，透明度高。底足无釉，胎色灰白。盘内刻划两枝婀娜摇曳、含苞欲放的荷花，线条流觞，其张扬娴熟的刀法在龙泉窑中颇为罕见。

178.龙泉窑青釉划花盘

南宋

高4.5厘米　直径18.7厘米　足径6厘米

广东省台山南海海域出水

敞口弧壁，平底矮圈足。釉色青黄，局部有细长开片。内底平坦，刻划五瓣花，碗壁刻“S”形双线，将内壁分为六格，犹如花瓣轮廓，格内饰卷云纹，外壁可见拉坯修胎后留下的弦纹。底足露胎，胎色浅灰。南宋时期这种碗曾大量生产。

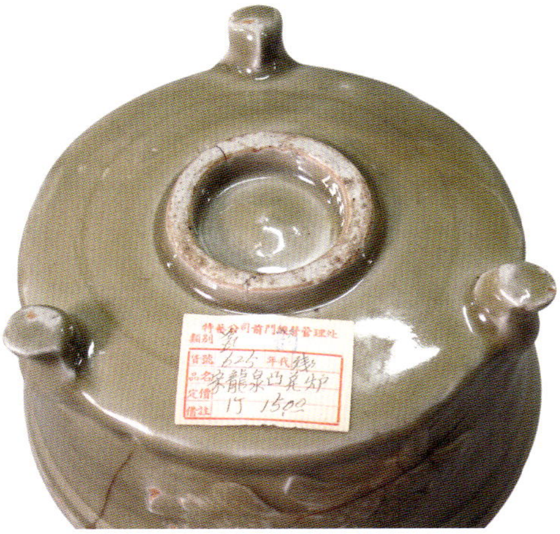

179.龙泉窑青黄釉贴花牡丹纹樽式炉

南宋

高7.8厘米　口径13.3厘米

平沿内折，筒腹微收，底向下凸，三蹄足。胎色灰白。施青黄釉，釉层厚，内壁为半釉，便于燃香贮灰。外壁口沿下刻弦纹两道，腹部贴塑葡萄和折枝牡丹，由于釉层厚，花纹略模糊。造型仿汉代陶樽式样。樽式炉又称奁式炉，龙泉窑樽式炉大多产自南宋至元。

180.龙泉窑青釉镂孔套瓶

南宋–元

高29.7厘米　口径4.7厘米　足径9.2厘米

撇口，长颈，溜肩，圆腹，圈足。瓶身由内瓶、外瓶组成，外瓶镂雕莲花、牡丹，具有通透之美。通体施青釉，釉色青绿，有较多开片。制作套瓶工艺难度高，费工费时，易破损，因此生产的数量很少。

181.龙泉窑青釉刻划花牡丹纹凤尾尊

元

高45.2厘米　口径19.7厘米　足径13厘米

1970年内蒙古呼和浩特市东郊白塔村出土

喇叭形大口，长颈溜肩，鼓腹圈足，足跟外撇。施青绿釉，釉面匀净，釉层厚有开片纹。颈部饰28道弦纹，腹部刻划缠枝牡丹纹，下腹刻划双层菊瓣纹。胎灰白致密、圈足露胎处呈火石红色。该尊出土时为一对，另一件藏于内蒙古自治区博物院。

182.同安窑青黄釉划花梳篦纹碗

南宋

高6.5厘米　口径15厘米　足径4.3厘米

敞口，弧腹，圈足，灰色胎。釉色青中泛黄，碗内壁饰卷叶纹与“之”字形篦划纹，外壁刻折扇纹。同安窑位于福建同安县，与附近的浦城窑、建阳窑、南平窑、莆田窑等窑场生产工艺和产品相似，形成一个庞大的青瓷生产体系。南宋至元同安窑产品大量运销到日本，日本茶道始祖村田珠光禅师喜用此类茶碗，故日本学者称之为“珠光青瓷”。

183.龙泉窑粉青釉凸花缠枝牡丹纹葫芦瓶

元

高25.9厘米　口径4.6厘米　足径9.1厘米

敞口微撇，上腹小而圆，细腰，下腹圆球形，圈足。灰白胎，细致坚密。上下腹各有一周接胎痕。上腹贴塑花果纹，下腹贴塑缠枝牡丹纹，釉色粉青，肥厚如凝脂。为元代龙泉窑的上乘之作。葫芦因其谐音“福禄”为民间所喜爱，还因葫芦多子，形似袋，袋与代同音，故有子孙万代、万代居官之意。

184.龙泉窑青釉凸花缠枝花果纹双耳衔环瓶

元

高14.7厘米　口径6.6厘米　足径5.2厘米

1953年杭州老和山墓葬出土

长颈，颈中部有两组凸弦纹，衔环双耳，圈足外撇。通体施青釉，釉色青灰，半木光，有开片。腹部贴塑缠枝牡丹花，花纹清晰，枝蔓舒展，胫部饰菊瓣纹。贴塑又称贴花或堆贴，将胎泥薄片制成各种单独的花纹图案，而后贴在瓷胎上罩釉烧成。

185.龙泉窑青釉蔗段洗

元

高3.8厘米　口径11.4厘米　足径7.7厘米

侈口，腹壁斜收微向外鼓，平底，裹足垫烧，露胎处呈火石红色。施青釉，釉色发灰，器壁厚，有竖向凸棱20余道，器腹中部加箍横向凸棱，形似“蔗段”。蔗段洗是流行于宋元年间的文房用品，北京市铁可墓、天津市武清区十四仓库遗址等地均有出土。

186.龙泉窑青釉鸟食罐

元

高1.5-3.9厘米　口径2.4-5.3厘米

足径2.1-3.2厘米

该组龙泉窑鸟食罐共有5件，小巧精致，釉质肥润。唐宋时笼鸟的驯养十分普遍，北宋文学家欧阳修《画眉鸟》诗云："百啭千声随意移，山花红紫树高低。始知锁向金笼听，不及林间自在啼。"描述的正是当时圈笼养鸟的景象。鸟食罐自汉代始有烧造，宋元时期龙泉窑生产的鸟食罐器型丰富，有罐形、瓜形、尖底形等，造型秀美、纹饰精细，器身模印有菊瓣纹、莲瓣纹、食罐的一侧有一环状系，用以捆绑固定。

187.龙泉窑青釉菊瓣杯

元

高4.7厘米　口径7.7厘米　足径2.6厘米

1960年周德蕴女士捐赠

菊瓣口，深腹，杯身呈鸡心状，高圈足。釉色青翠，施釉近底。器壁为凹凸菊瓣纹，与花口相连。杯形小巧，玲珑别致。

188.吉州窑黑釉梅瓶

南宋

高20厘米　口径5.1厘米　足径7.1厘米

小口厚唇，直颈，丰肩收腹，圈足。外壁施黑釉，该瓶使用了胎上贴花工艺，使得梅花枝干看上去如同剔花。胎上贴花与釉上贴花相似，施釉前将剪纸纹样贴于坯胎上，施黑釉晾干后将剪纸除去，形成露胎，再用刀或竹签刻划纹饰；入窑烧成后与剔花装饰有相似的效果，但比剔花工艺简便许多。

189.吉州窑剪纸贴花折枝牡丹纹盏

南宋

高6.2厘米　口径11厘米　足径4.3厘米

敞口斜壁，深腹浅圈足，黄胎。该碗的装饰技法为釉上贴花，施三层釉，第一层褐色底釉，第二层黑色面釉，施两层釉可以更好地遮盖浅色胎和粗糙的胎面，然后在内壁贴剪纸折枝花纹样，最后施黄色装饰釉。入窑高温烧成后，黑、黄釉呈交融状，花纹半虚半实，釉中有细小的蓝色条纹显现，为窑变现象，外壁施玳瑁釉。

190.吉州窑剪纸贴花三凤纹盏

南宋

高6.4厘米　口径15.7厘米　底径5.4厘米

敛口弧腹，浅圈足。盏内剪纸三凤纹，三凤同向飞行，一凤展翅向前，两凤回首呼应。三只凤凰身躯纤细，尾翼细长微曲，形如飘带。剪纸贴花是剪纸工艺与制瓷工艺相结合的装饰技法，黑色底釉与黄色面釉在高温下产生融合，形成深浅相映的斑纹。由于底釉的流动浸润，三只凤纹略显模糊。

191.吉州窑黑釉白梅纹盏

南宋

高5.5厘米　口径11厘米　足径4.2厘米

敞口斜壁。深腹浅圈足，土黄胎。盏内口沿加厚形成一圈凸边，为点茶注汤的水面限度。盏内用乳白釉绘折枝梅、弯月和一抹薄云。梅枝斜出、枝瘦花肥，有“疏影横斜水清浅，暗香浮动月黄昏”的意境。

192.吉州窑玳瑁釉盏

南宋

高5.3厘米　口径10.6厘米　足径3.4厘米

敞口斜壁，深腹小圈足，土黄胎。内外壁施黑褐釉和黄色装饰釉，通过洒、滴、涂等手法施加的黄釉，深浅大小不一，在1000℃以上的高温烧造时，黄釉斑块扩散和流淌时形状各异，花纹如同海中玳瑁或虎皮，因而被称为玳瑁釉或虎皮釉。

193.吉州窑白地褐彩海涛纹长颈瓶

元

1967年江西省南昌市征集

高13.4厘米　口径2.6厘米　足径4厘米

直口长颈，腹扁如荸荠形，圈足。瓶身施透明釉较薄，有开片。颈上涂绘一宽一细两道弦纹，瓶身用褐彩绘制海涛纹，细线描绘、用笔精细工整，浪花飞溅、旋涡湍急，气势磅礴。吉州窑因缺乏高档瓷土原料，所以少有高大器物，大多做得小巧精致。该瓶为元代吉州窑的高档彩绘瓷。

194.建阳窑兔毫盏

宋

高6.8厘米　口沿13.3厘米　足径4.3厘米

尖唇束口，深腹圈足，酱紫色胎。盏内黑釉中有众多银白色兔毫纹，外壁釉汁聚集至施釉线，形成一圈厚边，有些垂流聚集成圆珠状。兔毫盏是建窑生产的名贵品种。宋蔡襄在《茶录》中说："建安所造者绀黑，纹如兔毫，其坯微厚，熁之久热难冷，最为要用。"

盏内壁有一圈凸边，为点茶注汤的高度。口沿以下胎体渐加厚，至腹底最厚，厚度大约是口部的两倍，手感较重。腹与足部交接处有明显的转折线，是施釉时的预定界限。矮圈足浅挖近似实足。胎土因含铁量高呈紫黑色，沙粒清晰显得粗糙。造型饱满刚健，形如漏斗。

195.黄釉鸡冠壶

辽

高24.8厘米　口径4厘米　底径9.5厘米

直立筒状小口，鼓腹下垂，圈足，胎色土黄。上部形如鸡冠，中有一孔，用以穿绳吊挂。鸡冠壶的早期式样保留着较多皮囊特征，左右两大皮页，模仿皮条缝合。壶身施黄釉，釉面色泽深浅不匀、粘有碎屑。鸡冠壶是辽代陶瓷器中最具特色的器物，因壶的上部似鸡冠状，故称鸡冠壶，又因形似皮囊、马镫，亦称皮囊壶、马镫壶。流传至今的鸡冠壶除了陶瓷质地，还有银质、铜质、木质。鸡冠壶作为辽代瓷器的重要品种，贯穿整个辽王朝，随着辽的灭亡，鸡冠壶这种器型也随之消失。

196.三彩釉鸡冠壶

辽

高26厘米　口径4厘米　足径　厘米

直立筒状小口，口沿微侈，鼓腹下垂，圈足。上部形同鸡冠一样高高耸立，鸡冠中央有一孔洞、可穿绳吊挂。壶身两侧贴饰象征缝合的条状凸棱，施绿釉，有细小开片，腹部有竖条纹黄彩和黑彩。辽三彩受唐三彩的影响很大，釉色鲜明洒脱，别具一格。

197.三彩釉马镫壶

辽

高20厘米　口径4.5厘米　底径7.7厘米

管状口，腹上部有双孔，壶身上扁下圆，下腹内收，小平底。施浅绿釉，腹部的黄彩晕散流淌。从双孔上部的断裂痕迹看，推测原有横向提梁。这种既有双孔又带提梁，同时具备了穿孔式和提梁式两个系列的基本特征，说明两个系列的马镫壶在发展演变过程中，不仅有各自的演变轨迹，也有相互并存的时候。1971年，北京西城区锦什邡街辽墓出土了一件与该壶相似的马镫壶。

198.缸瓦窑白釉贴塑双猴马镫壶

辽

高24.7厘米　口径5厘米　底径8.4厘米

1947年国民政府没收方若文物，1949年拨交中国历史博物馆

直立筒状小口，口微侈，鼓腹下垂，平底。白色乳浊釉，施釉至底。壶的侧面和底部仍模仿皮质壶缝合的凸棱和清晰的针眼，马鞍形双孔用来穿绳、悬挂或提携，贴塑的小猴双臂双腿向前夹得很紧，牢牢攀爬在马背上，头上扬，嘴微张，呈笑意，虽然是粗线条的捏塑，却表现出双猴的灵巧。辽代中期产品。

199.绿釉贴塑龙纹马镫壶2件

辽

高27厘米　口径5厘米　底径9厘米

高28.5厘米　口径5.5厘米　底径10.5厘米

管状口，塔形盖，盖上有一小孔。壶身两面贴塑团龙和火珠，上下刻划水波纹、卷云纹，壶身仿皮页缝合，四周针脚整齐致密，将皮质感精细地表现出来，团龙与北宋定窑盘上的龙纹十分相似。壶身施绿釉，釉色艳丽，釉面匀净，施釉至底，下腹有土沁。该器形制规整、贴塑纹饰清晰，是辽代中期马镫壶中的上品。

200.缸瓦窑褐釉马镫壶

辽

高24厘米　口径4.5厘米　底径9厘米

1956年北京复兴门外出土

管状口，塔形盖，壶体上扁下圆，双峰上有两个穿孔，小平底。土黄胎。施褐釉。腹部刻划卷草纹，壶身三面有凸起的仿皮条凸棱。十分难得的是壶盖很完整，流传至今的马镫壶大多盖子缺失。马镫壶式样可分为穿孔式与提梁式两种类型，穿孔式马镫壶又可细分为单孔式与双孔式两种，早期为“鸡冠”造型，后变化为类似骆驼的“双峰式样”，该壶正是辽代中期流行的双峰式。

201.绿釉划花牡丹纹提梁壶

辽

高30厘米　口径2.9厘米　足径7.9厘米

小口瘦腹，扁身提梁式，圈足。敷白色化妆土，刻划牡丹纹，罩绿釉，釉面光泽明亮，有细小开片，釉层内有小气泡。绿釉是辽代单色釉中的一个主要品种，属于低温釉。辽中期以后，鸡冠壶的样式增多，壶口加长，横梁向上隆起，变成提梁，壶腹变长，平底变成圈足。该样式壶流行于辽代晚期。

202.黄釉长颈瓶

辽

高35厘米　口径10厘米　足径7.7厘米

喇叭状撇口，细长颈，溜肩，肩以下渐收，足微外撇，卧足，胎体坚实粗糙。敷白色化妆土、罩黄色半釉，釉至下腹部，颈部饰有两道弦纹。瓶体修长，重心高，最大直径在腹部中线偏上，此类瓶多成对出土于墓中，从辽墓壁画中见到该瓶用途多样，即可用于插花陈设，又可盛放酒水，辽代晚期产品。

203.绿釉长颈瓶

辽

高37.7厘米　口径6.2厘米　足径7.5厘米

喇叭状口，细长颈，丰肩，瘦腹，足微外撇，卧足。敷白色化妆土，施低温绿釉，釉面光亮，釉不到底，黄白色胎。瓶体修长挺拔，曲线优美，肩颈交接处有双弦纹。腹部绿釉上加施黄彩，为单色釉增加了变化美，辽代晚期制品。

204.绿釉凤首瓶

辽

高37.5厘米　口径9.5厘米　足径7.5厘米

六曲花式杯口，细长颈，圆肩敛腹，小平底，底足微外展。淡粉色胎，敷白色化妆土，施绿釉至下腹，釉层薄。花口象征凤冠，凤嘴衔珠，凤首的眼、鼻、嘴刻划的十分清晰，竹节状细长颈，瓶身代表凤的躯干和双翅，凤尾移到了凤首的后面。凤首瓶最早流行于西亚、西域一带，高昌壁画中有见，唐代曾生产陶制凤首瓶，亦称胡瓶。

A　　　　B

205.辽白釉剔刻花盘口长颈瓶

辽

高51厘米　口径12厘米　足径9厘米

瓶口如同深盘，长颈溜肩，瘦腹圈足。敷化妆土，施白色乳浊釉。肩部剔刻牡丹纹，叶片伸展，和花头相比占据了更大的空间。辽代的剔花瓷和中原地区相比，露胎不多，胎色为灰白或土黄色。色彩的明暗对比较为温和。

1985年，内蒙古自治区巴林右旗巴彦尔登苏木出土一件高52.8厘米的剔花瓶，与该瓶器形、釉色、纹饰几乎完全一样。另在内蒙古克什克腾旗一座辽墓的壁画中描绘了女子用长颈瓶背水的场面，画面上绘三座毡帐和两辆毡车，两个妇女各背一个长颈瓶，双手拽着固定瓶子的绳索，向前弓腰行走，呈现了长颈瓶的使用方式。

206.白釉黄彩花口瓶

辽

高34.5厘米　口径9.5厘米　足径7.5厘米

盘形花口，细长颈，瘦腹，圈足。敷化妆土，罩白色乳浊釉。腹部绘三枝盛开的鲜花，一朵居中，两枝分别向左右两边弯下，花朵丰满，线条流畅清晰，明亮的黄色为瓶子增色许多。花口扩大了瓶口的宽度，使得灌装液体时免于洒漏，是非常实用的生活用品。

207.白釉杯口长颈壶

辽

高32厘米　口径10厘米　足径8.4厘米

六曲花式杯口，竹节状长颈，折肩，肩部置一管状流，长腹，没有壶柄。通体敷化妆土，施白色乳浊釉。圈足微撇，足底无釉处露土黄色胎。辽代中晚期制品。

208.白釉葫芦式酒注

辽

高25厘米　口径2.7厘米　足径7.5厘米

小口微侈，束腰，圆腹，圈足。扁带式把手，与上腹衔处形成一个圆圈，方便食指的套入，使得执拿时更加稳妥。壶身饰五道弦纹。胎体淡黄，细腻坚硬。通体敷化妆土，罩透明釉，釉面光洁匀净。在内蒙古自治区昭乌达盟敖汉旗康营子的一座辽墓中，甬道的壁画“侍奉图”上可见侍者们正在备酒，桌上放置着葫芦式酒注、酒盅等，该注子与其完全一致。

209.白釉刻莲瓣纹注子

辽

高17.5厘米　口径4.7厘米　底径8.5厘米

直口，折肩，微鼓的直腹，圈足，壶盖失。釉色白中偏灰，敷化妆土，施透明釉。肩上置流和宽带状曲柄，肩部有细线刻划的莲瓣纹，腹部剔刻三层仰莲纹，由于釉料不够精细，釉面上可以看到较多的颗粒。中原地区约在隋代时开始使用注子，用作茶具、酒具，又称汤瓶。唐宋时期各窑场均生产注子，该器的造型和花纹受到北宋定窑的影响。

210.龙泉务窑白釉刻花莲瓣纹注子

辽

高14.1厘米　腹径13厘米　足径6.2厘米

直口，短颈，折肩，瓜棱腹，肩部一侧有短流，与之相对应处为双条形执柄。肩部饰菊瓣纹一周，腹部剔刻蕉叶纹和莲瓣纹，刀法熟练、叶脉清晰。通体施白釉，釉色白中泛黄，明亮莹润，肩部花纹凹陷处可见积釉，施釉近底，圈足及外底露胎。该壶与龙泉务窑窑址中出土的白釉刻花注子完全相同。龙泉务窑位于在北京市门头沟龙泉务村，是华北地区最大的一处辽金瓷窑遗址，产品以白瓷为主。

211.缸瓦窑白釉刻花填黑牡丹纹石榴尊

辽

高38.3厘米　口径25厘米　底径15厘米

大口，卷唇，束颈，鼓腹，平底。胎质灰。敷化妆土，罩透明釉。肩部篦划水波纹一周，腹部在化妆土上刻划缠枝牡丹纹，纹饰以外填黑彩，内壁无釉露胎。刻花填黑的装饰手法借鉴了磁州窑剔化妆土工艺，加以改良，纹饰以外的化妆土并未剔掉，直接覆盖黑彩，简化了剔地工艺。该尊器形敦厚，融实用性与观赏性为一体。内蒙古赤峰市松山区和喀喇沁旗曾出土器形及工艺相似的刻花填彩罐。

212.黄釉划花盘

辽

高3.5厘米　口径31.7厘米　足径7.7厘米

敞口，弧壁，浅腹，圈足，盘内有叠烧留下的三枚支钉痕迹。敷化妆土，罩黄釉。盘内刻划两朵盛开的牡丹，四周枝叶围绕，花纹纤细，布局疏朗。牡丹花是辽代陶瓷器上出现最多的纹样，以尖状工具划出花纹轮廓的划花装饰，是辽代陶瓷器上使用最广泛的工艺。

213.三彩釉印花牡丹纹盘

辽

高3.5厘米　口径25厘米　足径8.5厘米

敞口，弧壁，浅腹，圈足。敷白色化妆土，施三彩釉，釉不及底。粉红色胎。内底有三个等距支钉痕。盘内用模印法和点彩在白地上饰黄花绿叶牡丹13朵。辽三彩出现于辽代晚期，受唐三彩影响很大，同是低温釉陶器，唐三彩是随葬品，辽三彩则是生活实用品。该盘色泽明亮，黄白绿三色互相浸润，自然协调。

214.三彩釉印花鱼戏莲纹海棠式盘

辽

高2.5厘米　口径长27.5厘米、宽16厘米

底径长23厘米、宽11厘米

八曲海棠式盘，宽折沿，斜壁，浅腹，大平底。粉红胎。敷白色化妆土，施黄绿白三色釉。盘内印游鱼戏莲纹，目前所见八曲海棠花式盘均为印花，没有无纹和刻划花。赤峰缸瓦窑生产了大量的海棠式盘，窑址发现有海棠盘的印花范。器形源于西亚金银制品多曲杯。辽宁朝阳耿延毅墓的壁画侍宴场面中，绘一男仆手捧海棠式盘。内蒙古敖汉旗七家墓壁画中的《备宴图》中，海棠式盘内放着两只花口盏，桌上还放有注子、注碗，海棠式盘可能是作为盏托使用。

215.三彩釉印花水波莲纹海棠式盘

辽

高2.5厘米　口径长28厘米×宽15厘米

八曲海棠花式口，宽折沿，斜壁，浅腹，平底。粉红胎。盘浅而长，又称八曲长盘。口沿为一周卷草纹，盘心模印三朵莲花，黄绿两色，四周粼粼水波。盘内可以看见三处支烧痕。海棠式盘是仿波斯金银制品多曲杯，契丹曾从属于回鹘，通过草原与中亚多有交往，文化艺术的多元性也反映在瓷器上。

216.三彩釉印牡丹纹方盘

辽

高2.9厘米　口径12.7厘米×12.7厘米

方形，侈口，斜壁，浅腹，平底，淡粉色胎。敷白色化妆土，施黄、白、绿三彩釉，盘心印一黄色菊花，四角饰菊叶，盘内壁印八朵牡丹及卷云纹，此盘为压模、印花一次完成。印花方盘在10世纪中叶到11世纪末流行，辽代塔基和墓葬中都有出土。方盘多为三彩釉，个别是白或绿的单色釉。盘形原自金银器和木制盘，是典型的辽代器物，辽代的缸瓦窑和龙泉务窑都烧造方盘，龙泉务窑还出土有印花方盘的模具。

217.白釉剔刻花牡丹纹方枕

辽

高8厘米　长15.7厘米　宽15厘米

内蒙古自治区通辽市出土

枕面近方形，中心略凹，四边微翘，枕壁下收，平底。枕面在双框线内，用细线刻牡丹纹。枕墙敷白色化妆土，剔刻牡丹花，露出黑灰色胎体，罩透明釉入窑烧制。辽代方枕迄今发现很少，颇为珍贵。

218.灵武窑黑釉剔刻花牡丹纹罐

西夏

高21.4厘米　口径14厘米　足径9厘米

敞口折沿，束颈，圆腹，宽圈足。胎质较粗。罐内外施褐釉，腹部剔刻两组开光，开光内饰牡丹花叶，开光外刻划水波纹。大面积剔除黑釉后留下的刀痕和茬口清晰可见，肌理感很强，风格粗犷。灵武窑产品的规模、品种、精致程度都不能与中原地区的窑场和瓷器相比，但它独有的民族特色，是其他窑场不能替代的。

A　　B

219.灵武窑酱釉剔刻花牡丹纹经瓶

西夏

高38.5厘米　口径7.9厘米　足径9厘米

小口平折，束颈折肩，长腹，隐圈足。胎色土黄。瓶身施酱色釉，釉不到底。腹部勾勒开光，开光内剔刻舒朗的牡丹花，开光两侧刻划密集的弧线纹似流动的水波。西夏经瓶和宋金时期中原窑场生产的经瓶相比，线条更为刚劲，造型也更硬朗。

220.灵武窑黑釉剔刻花牡丹纹经瓶

西夏

高34.8厘米　口径9厘米　足径10.1厘米

小口平折，束颈折肩，长腹，隐圈足。胎色土黄。通体施黑釉，釉厚而光亮。腹部开光内剔牡丹纹，开光之外刻水波纹。西夏瓷器中的牡丹与水波纹经常同时出现，是一种固定搭配。肩部涩圈，使用了搭烧法，或称扣口垛烧，是一种节省窑内空间的装烧法。瓶体有多处缺釉和线条刻划不连贯之处，呈现西夏瓷忽略细节、粗犷豪放的风格。

221.灵武窑褐釉剔刻花牡丹纹扁壶

西夏

高33.3厘米　口径9厘米　腹径32厘米

1985年宁夏回族自治区海原县关桥乡征集

卷唇小口，束颈，肩部两侧有系，圆形扁腹。土黄色胎。壶身施褐釉，釉面光润。正面中心部位呈圆形凸起，两旁开光内剔刻大花大叶的折枝牡丹，背面釉薄无纹，弧度平缓，使得壶体在平放时较稳妥。扁壶仿皮囊质感，壶体上下两片粘合接胎之处，有特意捏出的褶边，以掩盖接胎的痕迹。扁壶即可平放又有双系可穿绳，或提拿或吊挂，是西夏人装水、盛酒的容器，也是西夏瓷器中最具代表性的器物。1227年西夏被蒙古军所灭，随着西夏王国的灭亡，扁壶从此消失不见踪迹。

222.景德镇窑青花云龙纹罐

元

高27.9厘米　口径20.9厘米　足径19.8厘米

敞口短颈，扁圆腹，平底。器壁较厚，胎质重而坚。罐腹部绘云龙纹，龙小头细颈，犄角细长微曲，下腭有须长短不一，背鳍为火焰状并有长飘带。肘部有长毛，其中四根同形飘动，一根弯曲为涡纹。龙体身躯健壮，四肢强劲，三爪锋利如鹰，趾间肌肉凸起，具有元代晚期云龙纹的基本特征。罐的颈部及近底部绘海水波涛纹，海水纹用粗、细线结合绘出层叠的浪花和漩涡，构成元代最有特色的波涛纹。肩部绘一周方形莲瓣纹，莲瓣分开描绘，边框涂抹成粗线，内绘杂宝纹。全器画工非常精细，从细节上看，龙身上的每一片鳞，海浪中的每一朵水花，都仔细勾绘、填色。该罐青花使用进口钴料，呈色浓艳，釉面有众多黑色的结晶斑，晶斑微晕散。罐体是上下两段分别拉坯成形，然后用胎泥粘合拼接，接痕经过修饰，但仍留有痕迹。

223.景德镇窑青花双凤纹玉壶春瓶

元

高25.8厘米　口径7.2厘米　足径7.4厘米

喇叭口细长颈，圆腹圈足。造型清秀雅致，青花色泽明快。腹部绘展翅的双凤，凤尾长翎飘动，身姿优美，花叶参差密聚上下。画面富有动感、张力满盈。瓶颈、肩及下腹部绘蕉叶纹、莲瓣纹、锦地纹等，全身从上至下绘有七层纹饰，这种多层次的装饰手法是元青花特有的风格。

224.景德镇窑青花云龙纹玉壶春瓶

元

高29.8厘米　口径8.4厘米　足径9.4厘米

敞口细颈，圆腹圈足。瓶身绘游龙，小头细颈，昂头张吻、身躯细长如蛇，背鳍、尾鬃皆呈火焰状，四腿有力，爪生三指。龙的四周缀有流云，构图简练、线条灵动。玉壶春瓶最早是盛酒的容器，因唐诗“玉壶先春”而得名，后来逐渐由酒器演变为陈设品。

225.景德镇窑青花蕉叶纹花觚

元

高15厘米　口径7.5厘米　底径6.1厘米

1980年江西省高安市窖藏出土

喇叭口，长颈，折肩，扁圆腹，高足，平底无釉，底有一长方形孔。腹部出戟四道，背面土沁较多。口沿内饰卷草纹一周，颈部饰蕉叶纹，颈腹转折处绘卷草纹，腹部戟间绘对称卷叶纹，腹下圆柱周围饰变体仰莲纹，高足饰缠枝番莲纹。每层纹饰上下均以弦纹隔开，腹中部有凸起接胎痕一圈，底有火石红斑。青花色泽明快，纹饰青翠，局部青花纹晕散模糊，积料处有黑色铁锈斑，凹陷明显。

该觚1980年出土于江西省高安县元代窖藏，窖穴直径1.3米，深0.8米。共出土元代青花瓷器19件，釉里红瓷器4件及龙泉窑、磁州窑、钧窑等瓷器二百余件，史载元末高安（元时称瑞州）发生过数次较大的农民起义，延续时间长达11年，推测窖藏的主人应是当地富商或是掌管本地大权的路、府、州、县的“达鲁花赤”。

226.景德镇窑青花束莲纹匜

元

高4.4厘米　口径12.9厘米　底径9.2厘米

口无釉微敛，浅腹，流下有一系，平底无釉，覆烧。胎质细腻，造型古朴，端庄内绘束莲纹，四周绘卷草纹。青花艳丽。匜在商周时期为盥洗器，元代墓葬壁画中有匜与玉壶春瓶、盘盏等酒具组合使用的场景。

227.景德镇窑红釉执笏俑

元·1338年

高19.6厘米

1974年江西省景德镇市郊后至元四年（1338）墓出土

头戴官帽，双翅上翻贴帽；脸庞方正，细眉长眼；身着宽袖朝服，腰间带銙；双手执笏笔直挺立。该俑为实心模制，衣服为红釉，鞋帽施褐釉，面部、脖颈、双手和笏板施青白釉。背面发际、带銙清晰可辨。古时候文武大臣朝见君王时，双手执笏以记录君命或旨意，亦可以将要对君王上奏的话记在笏板上，以防止遗忘，执笏也是地位的象征。

与该俑同墓出土的还有青花釉里红楼阁式谷仓、四灵塔式盖罐和一老年俑，楼阁式谷仓背面铭文："夫人故景德镇长芗书院山长凌颖山之孙女也。生而贤明，长而周淑。……夫人殁于后至元戊寅五月二十三日申时，享寿四十六岁。以戊寅六月壬寅之吉安葬于南山。"可知墓主死于后至元四年（1338），由此得知该俑的制作年代最晚为1388年。元代后期釉里红、红釉还是新品种，该俑将红釉、青白釉、褐釉三种高温釉施于一器，烧造难度很大。

该红釉执笏俑与青花釉里红楼阁式谷仓同出一墓，有明确的纪年铭款，对于元代红釉的断代提供了及重要的依据。

228.建水窑青花缠枝牡丹纹盖罐

元末–明

高31厘米　口径17.6厘米　足径17.9厘米

敞口厚唇，短颈，圆肩鼓腹，下腹收，平底。肩部绘狮子滚绣球，腹部缠枝花，下腹为简笔变形莲瓣纹。造型规整，胎骨厚重，内外施釉。云南烧制青花瓷器的窑场主要有建水窑、玉溪窑、禄丰窑等，因釉色发青，又被称为青釉青花。这种青花罐是当地人火葬后盛放骨灰的器具。关于云南青花的烧造年代，大部分学者认为是明代早中期，也有学者认为是元代。

论龙泉窑的兴起和宋代龙泉青瓷的成就

李知宴

浙江是中国青瓷的主要发源地，在青瓷工艺发展史上有许多贡献。由于得天独厚的自然条件，瓷石、原生高岭土极其丰富，最早的原始青瓷就是浙江地区发明的。唐朝时期已是名窑辈出，制瓷手工业呈现一片繁荣景象。在众多青瓷窑系中，越窑青瓷取得了很高的成就，秘色瓷进贡宫廷，声名远播，与北方邢窑白瓷形成“南青北白”的局面。继越窑之后，发展最快、影响最大的是龙泉窑，本文将就其中心窑场和窑址分布的规律性特点、龙泉窑系兴起的时间、北宋龙泉青瓷的特点、南宋龙泉青瓷的发展等相关问题作一番探讨。

一、龙泉窑的中心窑场和窑址分布的规律性特点

龙泉窑以中心窑场所在地龙泉县得名。这里地处浙江的西南部。20世纪我到龙泉调查窑址时得到的信息是北宋时期窑址23处、南宋48处、元代150多处。[1]窑址分布范围以龙泉为中心，在遂昌、云和、丽水、庆元、青田等县均有生产同类产品的窑址发现，正好是宋代处州管辖的范围。《宋史·地理志》：“处州，上，缙云郡……县六：丽水、龙泉、松阳、遂昌、缙云、青田。南渡后，增县一：庆元。”[2]随着考古工作的深入开展，发现的龙泉窑窑址一直在不断增加，据朱伯谦先生公布的资料指出：“历代龙泉瓷窑址应该远超出五百多处。”“在龙泉市内已发现古代瓷窑三百六十多处。”分布范围包括整个浙江省南部地区，有“龙泉、庆元、景宁、云和、丽水、遂昌、松阳、缙云、武义、青田、永嘉、文成、泰顺等县市，形成一个窑场众多、分布范围很广的瓷窑体系。”[3]已经超出古代处州范围。因龙泉县属处州，龙泉青瓷也称处器、处州瓷。

建窑地点选择的规律性特点。龙泉窑区自然环境十分险恶，崇山峻岭，一山比一山高，看不到尽头，当地老百姓说：“九山半水半分田。”直到20世纪70年代，这里的交通仍然十分不便。农民主要靠种地和伐木为生，距离城市，尤其繁华都会比较远。这一带出产丰富的瓷石、制瓷原料，大小山岭之间有平坝小平原，有小溪流，水草丰美。从溪流往上是小台地，手工业作坊一般在二层台地，龙窑砌筑是从台地沿山坡由下往上挖沟砌筑，坡度在11度至20度之间。根据考古调查和龙泉地区的窑址发掘得到的资料，一般都是以一块小平地为基础，修建堆料场、淘洗池、挖泥池、成型车间、配釉车间、工匠居住所在的小房，在作坊附近的小山坡挖沟筑窑。1979年，北京故宫博物院考古队和浙江省考古研究所发掘龙泉窑大白岸北宋晚期窑址时就是这样。一大块土地构成制瓷作坊的基础（现为农民的稻田），周围的山坡上有四座龙泉窑，这是一个规模不小的烧制青瓷的作坊。[4]中国历史博物馆考古队1979年在龙泉坑口地区的上严儿村村口发掘出一组南宋至元末明初的窑址，窑场建设、作坊、窑炉设施基本相同，只是随着时间的推移有一些变化。窑址在山上，距坑口秦溪水流有很远的距离，几道山梁相隔，溪口的水无法引上山供

作坊制瓷之用。从上严儿村民间用水情况来看，作坊制瓷用水与居民用水解决方法一样：这里树林植被中饱含水分，各处都有小泉水终年不断流出，又盛产粗大竹子，把竹节打通，一根一根连接起来，就像城里的自来水一样，将水引向作坊的储水池或储水大缸、瓮之中，足够制瓷各个环节和工匠炊煮之用。窑炉（龙窑）的挖筑沿山坡由下而上，窑头就有一个很大的用红砖砌筑的炼泥池。加工瓷泥的淘洗池由山坡从上往下砌筑，方形，上下池间有小沟相连，沟底和沟边用废匣钵破片砌筑，保持畅通并防止泥沙混入。侧面有一块平地，清理平地时发现一些柱子洞，这些洞连接起来就是一处房基，可能是作坯房。由于作坊规模不大，房子很小，柱洞也不大，可能立一根杉树或粗大的竹竿，搭建起房舍的架子和顶，用当地黏性很大的红泥或衫树皮层层叠压就成为房屋，投资很少，建筑容易。这样的作坊可大可小，根据作坊主的资金、技术力量办作坊，十分灵活方便。

青瓷的运输问题。重重高山使交通受阻，对青瓷生产的发展影响很大，尤其影响作坊主选择地点建窑。考古调查中发现，随时代的发展，建窑地点的选择也在变化。北宋时的窑址，窑场主着重选择距原料即瓷石、瓷土矿比较近的地方，附近河流小溪有没有运输能力关系不大，用竹竿打通联结起来引山泉到作坊即可。我在调查窑址时和当地老乡讨论这个问题，窑址距有航行能力（竹筏、小船）的河流这么远，古时候这里生产的瓷器怎么运输？瓷器很沉重，又很容易打破，怎么办？乡亲们说从古到今只有一个办法，就是用竹筐背，用扁担挑，以蚂蚁搬家的方式完成。古代运青瓷、粮食、土特产，现在山里人运土特产或从外面购货，都是这样运。除竹筐以外，扁担两头尖，用铁皮包住，磨得十分锐利。夜里手拿火把，火把猛烈明亮，长长的运输队伍像一条火龙，强盗、毒蛇猛兽都不敢靠近。运瓷器的役夫辛苦的程度可想而知。

到南宋时期，恶劣的自然环境没有多大变化，陶瓷运输仍然需要肩挑背扛。但由于人们商业意识增强，当地人不断疏浚治理河道，消除妨碍航行的巨石险滩。相当多的青瓷作坊主改变以原料出产点作为建窑选址的方式，把瓷窑建设在河边或大路旁。所以考察中发现南宋窑址多建在交通方便的地方，就是说宁可运输原料多费一点劲，也要求得外运青瓷成品的方便和安全。南宋末年至元明时期，龙泉青瓷手工业蓬勃发展，与手工业者商业意识增强，选择交通便利的地方建窑，使瓷器能便捷地走向市场有关。正因为这样，南宋末年至元朝龙泉青瓷作坊像雨后春笋一样建立起来，沿秦溪、龙泉溪及其他流域的支流、小溪旁边的台地，或陆路交通要道旁边比较容易发现窑址。现在初步统计龙泉青瓷窑址500余处，有300多处是这个时期的。龙泉青瓷窑址分布的规律性特点从一个方面反映出龙泉青瓷的发展历程。

二、龙泉青瓷兴起时间的探讨

龙泉青瓷生产地理范围的广阔超过越窑。产品分高档、中档和低档，由大小不同的作坊烧制出来。美丽的青绿色惹人喜爱，不同国家、不同种族、不同信仰的人都喜欢，加之龙泉青瓷质朴雅致、坚固耐用，是其他瓷窑产品难以相比的，所以龙泉青瓷工艺影响深远，广东、福建等省的瓷窑都受其影响，生产出具有龙泉青瓷特征的作品。

龙泉窑在什么时候兴起？以前只是比较笼统地提到宋代，认为是宋代的一大名窑，以后逐渐比较明晰地认为是北宋，但在北宋的什么阶段仍不清楚。关于龙泉窑的考古工作一直在进行，该窑开创于什么时期并没有引起注意。1979年龙泉窑大规模考古发掘开始以后，在龙泉地区进行广泛窑址调查时，有人跟我说龙泉窑应该在北宋初期开始生产，又说恐怕在唐或五代。我当时初步接触龙泉窑实地考察，对这些议论只是听听而已，没有不同意见，也没有掌握更多的资料去论证它。但我在龙泉考古的整个过程中从来没有看到任何唐、五代、北宋初期的实物资料。关于早期龙泉窑的说法使我越来越糊涂。以后一些著作将龙泉窑开创时代越拔越高，“关于龙泉窑的开创年代，原来定为宋朝，1959年在丽水市城吴镇西南2.5千米处的吕步坑，发现南北朝至唐代的窑址后，把龙泉窑的开创时期提早到南北朝。20世纪70年代以来在丽水、松阳、遂昌等开发比较早的县市的六朝墓中，出土一批另有特色的青瓷，应当是龙泉窑早期的产品，所以将龙泉窑的开创年代定为三国西晋”。[5]这种理论得不到任何实物资料的支持，在所看到的浙江地区，包括大范围龙泉地区墓葬出土的青瓷在胎釉质地、造型装饰、制作工艺、入窑焙烧后留下的垫饼痕迹，基本上是浙江东部、中部的特征，和龙泉青瓷不能形成从早到晚的发展关系，就是说和龙泉窑没有关系。在参观一些展览时，正是这些东西有时摆在早期越窑（浙江东部）的系列中，有时又摆在龙泉窑产品的系列中。又如刻有宋代“太平戊寅”铭文的瓷器在越窑青瓷中常见，在越窑的许多窑址里都能拣到这样的标本，而在龙泉青瓷几百处窑址中一片也没有见到过。到目前为止，从胎、釉原料成分、制作工艺、器物、装饰花纹能与龙泉窑的产品排比，与龙泉窑在工艺上能说得上一脉相承的窑址，从三国到西晋，到东晋南朝，到隋唐五代，一处也没有发现，所以很难说龙泉青瓷的开创时间是上述时期。

龙泉地区在浙江西南，经济、文化教育、手工业等方面开发比较晚，高山阻隔使它与外界联系很少，可以说处于相对隔绝状态。它有瓯江上游的秦溪、龙泉溪等大小河流从深山中流出，但这些溪流“暗崖积石相蹙成滩，舟行崎岖”，瓷器又笨重，非常容易破碎，走遥远崎岖的山路，靠肩挑背扛难以运出。所以上述时期龙泉地区不具备发展青瓷手工业的条件。再说这些时期的浙江，越窑、婺州窑、瓯窑、德清窑、衢州窑等窑系生产尚处在蓬勃发展的高峰时期，各种产品极其丰富，完全可以满足当时社会的需要。根据掌握的实物资料判断，龙泉青瓷的发展还要等一段时间。

到北宋晚期社会情况发生很大变化。浙江地区经济开发从东部、中部、北部逐渐开始，浙江西南地区逐渐活跃起来。根据宋代龚原《治滩记》记载：“元祐六年（1091），左朝散郎会稽关（景晖）公来守是邦，视事之暇，披诸邑图而观之曰：‘嘻，奚滩之多也！水行阻深，一至于是，欲去害兴利，顾有甚于是耶？’……言一传，旬浃四境，闻者欣然曰：‘吾州滩会平矣！’明年春，龙泉民出钱，愿治其事，闻他邑亦继有请，冀与龙泉比。公以上部使者，且愿农隙行下。及期，按图以事，……起七月戊申，逮以十二月壬申毕，合百六十五滩，龙泉居其半，缙云亦五之一。凡昔所难，尽成安流，舟昼夜行无复激射覆溺之虞。”[6]北宋后期浙江的越窑虽然还在生产，但已失去强劲发展的势头，这个时期的北宋社会经济发展很快，在对外经济贸易活跃，社会对瓷器的需要为龙泉青瓷的发展创造了条件。

再从考古发掘的资料、刻铭文的瓷器、墓葬出土龙泉青瓷看。龙泉市博物馆收藏一件青瓷五管瓶，盖内墨书“庚戌十二月十一日太原壬记”铭，根据其造型、胎釉等具体特征判断，此件作品的庚戌年应该宋神宗赵顼熙宁三年（1070）。日本小学馆刊载奈良大和文华馆收藏的多管瓶，形体呈橄榄形，上部较瘦，分四级，下腹最丰满的地方刻有长铭，中有关键文字“元丰三年又九月十五日增添福寿”。元丰也是赵顼的年号，共八年，元丰三年是1080年。英国伦敦达维德基金会收藏一件带盖青瓷盘口壶，腹部刻一组铭文，其纪年是“元丰三年闰九月十五圆日”。浙江省龙泉县林洋云秋畈地方元丰年间墓葬出土青瓷盘口壶一件。江苏省溧阳县元祐六年（1091）李彬夫妇墓出土两件龙泉青瓷，一件质地较粗，青釉为较淡的玻璃质釉，碗外壁刻划扇骨纹，另一件满施青釉均光素无纹。[7]浙江省温州市郊区梧田区南白象乡（今属瓯海区）的白象塔，又称白塔，在1965年2月拆塔时发现一件龙泉青瓷菩萨像，该塔修建时间在北宋政和五年（1115）。[8]这些考古资料纪年准确可靠，与龙泉地区北宋青瓷窑址生产的作品的胎、釉、造型、装饰、制作手法均一致，完全可以对得上。这一批青瓷最早的是龙泉市博物馆珍藏的有庚戌年（熙宁三年）铭款五管瓶，最晚到政和五年的青瓷菩萨像，上距北宋立国的太祖建隆元年（960）110年，下距北宋灭亡的钦宗靖康二年（1127）12年，属北宋晚期。这以前的瓷窑遗址有很大的不确定性，我没有看到过属北宋早期、中期的窑址、墓葬和文化遗迹出土器物，就是说没有找到龙泉窑在北宋早期、中期生产青瓷的证据，没有与上述有明确纪年作品对得上号的实物。而在龙泉的大窑、金村、大白岸，庆元的上垟，丽水的石牛等地的北宋青瓷窑址的产品和上述北宋晚期的青瓷特征相符。这些是实实在在的北宋晚期的要证，属龙泉青瓷开创时期的作坊遗址。

关于龙泉青瓷最早的文献记载应是宋人庄绰的《鸡肋编》："处州龙泉县多佳树，地名豫章，以木而著也。……又出青瓷器，谓之'秘色'，钱氏所贡，盖取于此。宣和中，禁庭制样须索，益加工巧。"[9]以庄绰的经历来看，他经历了北宋神宗、哲宗、徽宗、钦宗和南宋高宗共五朝，推测他谈龙泉青瓷应是北宋晚期的事。受越窑秘色瓷的影响而起，这些与龙泉青瓷考古发现相符。

三、北宋龙泉青瓷的特点

在考古调查和发掘龙泉青瓷的过程中，感觉到北宋窑址规模较大，龙窑和作坊边远地方废品、窑具堆积很厚。作坊主建窑多选在出瓷土、有水源的台地上，顺坡筑窑，作坊的生产条件较差。龙窑砌筑又长又大，一般从下端的龙窑窑头算起，长度达50至90米，宽2米，高2米左右。以碗、盘类器物在窑中堆码情况统计，一窑能生产几千件，甚至上万件，产量很大。器物种类比较单调，以北京故宫博物院考古组发掘的大白岸山头窑二号窑为例，碗、盘、钵、碟等成型工艺相同的圆器要占全部产品的80%至90%，无论清理窑床或倾倒的废品堆积很难找到执壶、瓶、罐类琢器，可以推测其生产主要是满足当地或附近民间最基本的饮食、盛放等生活需要，陈设艺术品、祭器、供器类作品很少。陆容在《菽园杂记》中说："青瓷初出于刘田，去县六十里。次则有金村窑，与刘田相去五里余。外则白雁、梧桐、安仁、安福、绿绕等处皆有之。然泥油精细，模范端巧，俱不若刘田。泥则取于窑之近地，其他处皆不及。油则取诸山中，蓄木叶烧炼成灰，并白石末澄取细者，合而为油。大率取泥贵细，合油贵精。匠作先以钧运成器，或模范成形。候泥干，则蘸油涂饰，用泥筒盛之。寘诸窑内，端正排定，以柴篠日夜烧变。候火色红焰无烟，即以泥封闭火门，火气绝而后启。凡绿豆色莹净无瑕者为上，生菜色者次之。然上等价高，皆转货他处，县官未尝见也。"[10]这条材料所列龙泉产青瓷的地名，与我们调查窑址时窑址所在地的地名相符，陆容写的可信程度很高。在调查发掘北宋窑址时发现，各项制作工艺都不够成熟，原料没有经过严格加工，在窑址范围里没有发现如石臼、水碓之类的原料粉碎工具，主要用一个连一个的淘洗池，将砂粒等杂质淘洗出去，使瓷泥尽量变得精细，更具可塑性和成型稳定性，特别是瓷土中的石英砂粒去得越干净，这种特性就愈佳。光靠淘洗加工手段效果必然很有限，所以各类器物的胎体都比较粗糙，从瓷片断面上可以看到颗粒粗细不均匀，有细小的断裂和孔隙，胎体厚重。北宋龙泉青瓷虽不够精细，但坚固耐用，在民间很受欢迎。

北宋龙泉青瓷胎体的颜色为灰白色，主要是原料加工工艺较差，杂质除得不干净所致，但它比唐五代北宋的越窑青瓷胎体白一些。由于龙泉窑所用的瓷石含铁、钛的成分明显低于越窑，所以胎色比越窑白，虽然也带点灰色，但灰的程度比越窑淡得多。[11]

在制作工艺方面，成型工艺比较娴熟，器物的主体部分用辘轳车成型。各类器物都相当规整，所见到的完美成品和窑址堆积的废品，歪扭变形的比较少。为了增强坯体抵抗变形的能力、减少高温焙烧的废品率，工匠们将器物上端制作得比较薄，而下端承重部位加厚，比如碗、盘、杯、碟等日常生活中使用得最多的器物，口沿至上腹比较尖薄，只有下腹、底部厚度的四分之一或五分之一，瓶、罐类器物下腹也比较厚。整体造型而言，北宋龙泉青瓷比较厚重，但造型效果并不笨拙，既实用又透出几分秀美。

釉质和釉色，北宋晚期的龙泉青釉瓷器有以下特点：第一，釉层薄，透明度高，透过釉层看胎体比较清楚，这种外观感觉给人的印象很深；第二，釉中化学成分特殊，龙泉窑早期青釉由于其氧化钙含量高达15%左右，玻化程度较完全，釉层中的气泡、析晶及残留石英很少，所以釉的外观如同玻璃一样，[12]属于透明的玻璃釉；第三，釉的色调方面，大多数青釉泛黄泛灰，色调不正，呈一种橄榄绿，相当多的作品釉层泛有杂色，与越窑青瓷不同（越窑青釉是艾叶青）。用手触摸北宋龙泉青瓷比较光滑，此时的龙窑大多数用土坯砌筑窑墙和窑顶，不够严实，烧青瓷火焰要求还原焰，这样的窑炉气氛控制不会很好，只能烧成弱还原焰，所以漂亮的青绿釉极少。

北宋龙泉青瓷的装饰艺术以刻花、划花为主。刻花是以犀利的刀锋刻出有层次的图案和花纹；划花就是线刻艺术，在胎体上刻出的花纹没有层次，追求线条流畅，生动活泼。无论刻花还是划花内容都很写实，主要内容是花卉、水草、荷花、莲叶、水波、游鱼、大雁、鹿纹等。花纹内容都取材于人们生活周围的植物、动物，与人的生活密切。动物都是些性格温顺的动物，那些对人类生存造成威胁的毒蛇猛兽没有看到。植物花卉主要以二方连续、四方连续的方式构图，有的就是一幅很有气势的图画。在刻花花纹里有的用很细的篦齿状工具划出并行线条和水波纹安排其间，还有一些以锥刺手法做出锥刺纹在各类花纹中穿插，增强花纹的生动感。极少数的器物上有黑褐斑装饰，龙泉市博物馆收藏一件盘口瓜楞形执壶，施青黄釉，腹部两侧饰对称不规则形褐斑。[13]

北宋龙泉青瓷比较流行在胎体上刻写文字，除上面已经列举的内容以外还有“天下太平元丰三年闰九月”“蒋宅”“林立”“项正”“溪边泥”“高和”“姚宅富位”“天下太平”等。刻印模印在瓷胎上的文字有“金玉满堂”“河滨遗范”等。这些文字对研究龙泉窑生产的年代、作坊主或工匠的生产活动、民俗学等方面都提供了生动的资料。

四、南宋时期的龙泉青瓷

南宋是龙泉青瓷大发展时期，是制瓷工艺的高峰，主要表现在以下几个方面：

（一）龙泉窑成为浙江制瓷的中心

1127年靖康之变北宋灭亡，康王赵构南逃，在商丘继皇帝位，改元建炎，南宋开始，绍兴八年（1138）正式定临安（杭州）为都城。经过与金人的绍兴和议、隆兴和议，金人停止向南宋发动频繁的大规模军事进攻，整个社会逐渐安定下来。临安迅速发展成为一个政治、经济、文化的中心，四方士民商贾汇集到这里，整个中国经济重心南移，农民、手工业者、商人推动着南方经济的开发和发展。在经济发展的同时，奢侈腐败之风蔓延起来，甚至超过北宋。包括饮酒、饮茶、斗茶及其他方面对瓷器的需求量大大增加。瓯江及其支流得到更好的治理，对外贸易发展使海上陶瓷之路真正活跃起来。这些促使龙泉青瓷生产活动中商业意识增强，在瓯江及其支流附近或陆路交通运输方便的地方所发现的窑址比北宋窑址多很多。朱伯谦在《龙泉窑》一文中统计，南宋龙泉窑窑址有庆元的上垟，龙泉的大窑、金村、溪口、梧桐口、小白岸、大白岸、山头窑、道太、松溪、安福、安仁口、大棋、黄金坑、武溪，云和的梓坊、大碓坊，遂昌的湖山镇，缙云的大溪滩、碗窑山等。[14]1979年中国历史博物馆考古队发掘的上严儿窑，是一处水平很高的南宋至元代窑址。相比之下，浙江地区唐代以来影响很大的越窑、婺州窑、瓯窑、德清窑都相继衰落，龙泉窑的发展超过浙江省以往各个窑系的总和，艺术水平高出很多。国内的各种墓葬、文化遗址、窖藏出土的瓷器中，龙泉青瓷的数量很大，与景德镇的青白瓷地位相同，比同时期的吉州窑、建窑、德化窑以及北方金朝的磁州窑、耀州窑数量都大。如四川遂宁金鱼村窖藏，川北地区的绵阳、平武、安县、江油、广元等地均出土过质量很高的龙泉青瓷。在亚洲、非洲东北部许多国家都出土过南宋时期的龙泉青瓷，日本三上次男教授在《陶瓷之路》一书中列举了亚非国家出土的12至13世纪的青瓷，就我看到的实物和他在书中的描述判断，都是南宋龙泉青瓷。由于龙泉青瓷产量的增加、艺术品位的提高，城镇出现了专门的瓷器店，都城临安（杭州）就有这样的商店，称龙泉青瓷为“新窑青器”，这是前所未有的事。

（二）品种和工艺特征

通过对南宋龙泉青瓷综合研究，主要可以归纳为三大类产品：

第一类，结实耐用的青瓷，继承北宋玻璃釉刻花瓷器，在作坊附近就地取材采掘风化瓷石作胎料，多数产品胎厚而粗，不致密，带少量沙粒，颜色浅灰或灰褐色。釉质与北宋时期的青釉基本一致，属石灰釉，玻化和透明度都比较好。施釉比较均匀，釉层仍然较薄，部分产品绿色效果比较好，这与窑中还原火焰较好有关，大多数青中泛黄、泛灰或为黄绿色。为避免匣钵粘结，使用垫饼支撑匣钵中的坯件，器物底部多不上釉。装饰技法主要用刻花。产品内容以碗、盘、杯、碟为主，还有水盂、盖盒、盏托、夹层碗、执壶、盘口壶、唾盂等。这种物美价廉的青瓷主要满足广大庶民百姓的需要。

第二类，浅白胎厚釉产品，也就是人们常说的薄胎厚釉产品，胎体浅白，器物的边沿棱角或白色凸筋部位在青釉下显出白色。厚胎青釉有粉青、月白、梅子青、翠青、鹅皮黄、虾青、蟹壳青等品种。各种釉质都肥美莹润，质如美玉，纯正淡雅，光泽柔和悦目。粉青釉色淡似略施粉黛，月白釉近似月色，梅子青釉纯正深沉，翠青釉碧绿如翡翠，鹅皮黄如田黄。在烧还原火焰时，氧气（空气）渗透到窑室内，会使釉色变黄，虾青和蟹壳青也是还原火焰不纯正或在窑中灰尘进入釉层而出现的现象。这些品种虽不如粉青、梅子青那样纯正，但由于都具有玉一般的温润效果仍然受人们的喜爱。

第三类，黑胎青瓷，艺术品位很高。主要特点是胎体薄，许多器物胎体薄到只有1毫米左右，规格大一些的器物也只有3毫米，觚、尊、炉一类陈设艺术品约3至4毫米，相反釉层确比胎体厚得多。施釉的情况是外壁釉厚，内壁只一层可以看到胎色的薄釉。胎质细腻坚致，灰黑如刚刚锻打出来的铁骨色，这类作品数量较多，有一部分比较粗松，色调浅灰泛黄或呈砖红色。釉的颜色没有第二类白胎厚釉青瓷釉色那么丰富，大多数是灰青色，纯正青绿色几乎没有见到。口沿釉下为紫口，圈足为铁足，“紫口铁足”效果明显。釉层都开片，片纹比较浅细，颜色泛白。黑胎龙泉青瓷生产很少，大多与白胎青瓷同窑合烧的，其中溪口瓦窑垟窑以生产黑胎厚釉青瓷为主，其他瓷窑以生产白胎厚釉青瓷为主，兼烧一部分黑胎青瓷。[15]

第四类，哥釉瓷，元代文献称为“哥哥洞窑”，[16]明洪武曹昭《格古要论》中称“旧哥窑”与“元末新烧者”。嘉靖四十年（1561）《浙江通志》始称章生一的青瓷作坊为哥窑，明郎瑛《七修类稿》将哥窑特征说得很清楚。以前有人将龙泉溪口窑称为哥窑，后又称为龙泉哥窑，在研究实践中发现溪口黑胎开片青瓷的片纹结构和哥窑特征不符。1979年在龙泉上严儿窑区发现一些瓷器产品釉质、釉色、片纹结构和哥窑一致，其中一个盘，葵口、浅腹、圈足，与故宫博物院调拨给中国历史博物馆一件青瓷哥釉盘完全一致，两者都可以扣合在一起。不同的是窑区发现的产品胎体色浅灰，质地粗，与传世哥窑在制作水平、艺术品位上还有差距。但它说明一个事实，即龙泉窑中确实有一些作坊可以生产出哥窑类青瓷。

（三）工艺技术水平的提高

南宋龙泉青瓷和北宋青瓷相比有很大的变化，从胎釉质地到外观上的艺术效果都不可同日而语，很值得研究者们深入思考和探讨。这些变化既有技术的提高，也受其他瓷窑的影响，龙泉窑的传统工艺受到挑战，从而学习新的技法，追求崭新的艺术效果。它主要表现在以下几个方面：

第一，原料的加工和配方的改进。北宋后期和南宋第一类产品原料都是选用风化瓷石，胎体属于高硅低铝类型。这类胎体在本质上不太能耐高温，所以必须将胎体承重部位加厚才能在窑中焙烧时增强抵抗变形的能力，保证产品的成品率，这是从采料到加工工艺都不够成熟的表现。南宋中期以后采掘原料水平提高，除淘洗池外增加石臼杵捣加工工序，原料加工程序更合理，提高了泥料中的含铝量。配方不是单纯用瓷石，适当配入少量紫金土。紫金土是一种质地细腻的紫红色泥土，含较多的氧化铝，加入少量紫金土使胎体颜色白中略微泛灰，增加一种观感美。紫金土的加入也提高了胎料的可塑性，胎体就可以制作得很薄，且在高温焙烧中不变形，精巧的薄胎瓷器就制作成了。

第二，南宋官窑的工艺影响。南宋官窑在当时烧皇室用瓷，技艺上继承北宋官窑而有所发展和创新。从当时文人士大夫对南宋官窑的评价可以看出南宋官窑的社会影响很大，所以龙泉窑学习南宋官窑的技艺，薄胎厚釉、紫口铁足产品工艺改进，宫廷祭器、陈设艺术品、文房用具、日常生活用瓷中许多新造型创造出来，使龙泉青瓷的艺术成就更上一层楼。

第三，南宋龙泉青瓷的美体现在许多方面，胎体细腻，造型美观，制作精工，由北宋的粗犷型变为精细型。更主要的是青釉的配方改良，釉质釉色品质提高。北宋的玻璃质青釉是石灰釉，南宋工匠将其改为石灰-碱釉。石灰-碱釉的应用减少了釉的流动性，釉面稳定，在窑中高温焙烧时不到处流淌，使多次施釉生产厚釉作品成为可能。厚釉与紫金土的引入使青釉由一览无余的玻璃釉变成有美玉质感的失透釉，温润柔和的光泽效果让人赏心悦目。

第四，多次施釉收到意外的艺术效果。南宋龙泉青瓷美观悦目，这个效果是在工艺上采取多次上釉的结果。在发掘工地采到的青瓷片，从断面可以看到厚厚的釉层，这不是只上一次釉能得到的效果。釉层一厚就会出现失透现象，增强如美玉般的质感。

第五，在龙泉考古调查时发现南宋的窑炉比北宋时短，一般都在30米左右，窑炉用砖精细砌筑，北宋多的用草拌泥，因此南宋龙泉青瓷龙窑的密封条件比较好。上严儿窑址发掘时发现窑具有很大改进，匣钵的耐火泥比北宋精细很多，有的就是用制瓷坯的胎泥做成，而垫饼、支钉、垫圈等窑具则完全用瓷坯的泥料制作，这样保证瓷坯与窑具在烧制过程中热胀冷缩相同，减少出现瑕疵的可能。

第六，在烧成技术上有很大提高。张福康教授指出："在烧成制度上对止火温度十分注意。对粉青釉来说止火温度要控制釉的熔融温度范围的下限，有意识地使釉熔融不完全。对梅子青来说止火温度要控制在不超出釉的熔融温度的上限，使釉充分熔融，尽量不留气泡、析晶及未熔物料，同时保持强还原气氛，在这样一系列工艺条件的配合下，釉的外观能够达到预期效果而且厚而不流。"[17]也就是说无论什么样的釉色、什么样的艺术效果，工匠都能把握比较准确的温度火候和窑内气氛。

[1] 中国硅酸盐学会主编：《中国陶瓷史》，文物出版社，1982年。

[2] 《宋史》卷八十八《地理志四》，上海古籍出版社、上海书店影印二十五史本，1986年。

[3] 朱伯谦主编：《龙泉窑青瓷》，台湾艺术家出版社，1998年。

[4] 李知宴：《龙泉大白岸青瓷窑址发掘的主要收获》，《文物》1981年第10期。

[5] 朱伯谦主编：《龙泉窑青瓷》，台湾艺术家出版社，1998年，第6页。

[6] 见《龙泉县志》卷十二，清乾隆二十七年刊本。

[7] 镇江市博物馆、溧阳县文化馆：《江苏溧阳竹箦北宋李彬夫妇墓》，《文物》1980年第5期。

[8] 温州文物处、温州市博物馆：《温州北宋白象塔清理报告》，《文物》1987年第5期。

[9] 李知宴：《龙泉大白岸青瓷窑址发掘的主要收获》，《文物》1981年第10期；中国历史博物馆考古部：《龙

泉青瓷上严儿窑发掘报告》,《中国历史博物馆馆刊》1986年第8期。
[10] (明)陆容:《菽园杂记》卷十四,中华书局《历代史料笔记丛刊》,1985年。
[11] 张福康:《中国古陶瓷的科学》,上海人民美术出版社,2000年,第49页。
[12] 张福康:《中国古陶瓷的科学》,上海人民美术出版社,2000年,第50页。
[13] 朱伯谦主编:《龙泉窑青瓷》图版65,台湾艺术家出版社,1998年。
[14] 朱伯谦主编:《龙泉窑青瓷》图版14,台湾艺术家出版社,1998年。
[15] 朱伯谦主编:《龙泉窑青瓷》图版65,台湾艺术家出版社,1998年。
[16] (元)孔齐:《至正直记》卷四《窑器不足珍》,丛书集成初编本。
[17] 张福康:《中国古陶瓷的科学》,上海人民美术出版社,2000年,第50页。

素影瑶光：宋代景德镇青白瓷的装饰艺术

曹淦源

宋代是我国瓷业兴盛时期，大江南北窑场众多。由于各地自然气候、地理环境、资源材质、工艺制作、烧成技术不同，各窑场产品的装饰艺术丰富多彩，几大名窑更是争艳斗丽：千峰翠色的越窑、雨过天青的汝窑、晶莹润泽的官窑、金丝铁线的哥窑、纹样雄奇的磁州窑等。宋代景德镇青白瓷吸收和借鉴了各地名窑的艺术手法，结合本地制瓷胎土和釉料的特点，融汇成特有的装饰风格。它胎质细薄、釉色莹润、造型丰富、纹样灵秀，在南北各大名窑中独树一帜。

一、装饰的工艺技法

宋代景德镇青白瓷的装饰工艺新颖、技法娴熟、手法多样，有划花、刻花、印花、剔花、镂空、捏塑、贴花等。而且常常在同一器物上采用两种以上工艺技法，以达到装饰丰富的艺术效果。

划花　用竹制或铁制的针状工具，在器物坯体上划出线条，组成纹样。运针如笔，划出的线条粗细一致，如同中国画的铁线描，细劲流畅，生动活泼，简练概括，多用于表现花卉、卷草纹样的轮廓线，如南宋青白釉划花缠枝卷叶纹梅瓶（图1）。还有一种划花是用相似于梳篦的工具，在坯体上一次划出排状的线条，运力均匀，划痕细密、等距，装饰性强。多表现花叶筋脉、纹理，波浪、云气，用于纹样间的空白区域。

刻花　主要运用“半刀泥”法，在坯体上刻出线条，经过刻、削、修整组成纹样。“半刀泥”刻花是先在坯体上用直刀刻出纹样的轮廓线，再在轮廓线外用斜口刀尖沿轮廓线深刻，刀刃贴坯体表面浅刻，斜刀阔削纹样外的部分，形成从里到外一边深一边浅的斜坡状刀痕。观察素

图1　青白釉划花缠枝卷叶纹梅瓶

胎刻花有更清晰的刀痕，如南宋素胎贴塑花卉纹罐的腹部（图2）花卉。当代刻花匠师在坯体上刻的“半刀泥”（图3），瓶口的云纹、胫部的水波纹和正在刻的龙纹上都有斜坡状的刀痕。刻花技法运刀犀利酣畅，刀法圆转灵活，常与划花相结合，在刻花的纹样上或纹样外，再用划花篦划出花叶的纹理，如北宋青白釉刻花折枝牡丹纹碗（图4）。

图2 素胎贴塑花卉罐腹部

图3 半刀泥刻法

图4 青白釉刻花折枝牡丹纹碗

印花 将坯体套在刻有纹样的模具上印出纹样。印花大多运用在碗盘盏碟等圆器内壁和器物内心上，与圆器成型的印坯工序同时完成。首先要制成器物模具，并在其壁上阴刻纹样，经素烧而成。做坯成型时，坯体与模具的造型和大小相当。稍晾干，再将坯倒套在模具上，在坯体外壁四周轻轻按拍，使坯体的内壁上印出阳文纹样。干燥后上陶车修削坯体外壁，使其厚薄匀称，表面光洁。然后施釉，修圈足。印花纹样严谨、精细，可以成批生产，造型和纹样规整统一，如南宋青白釉印折枝花纹小罐（图5）。

图5 青白釉印折枝花小罐

剔花 用刀具把纹样轮廓线外的空地剔去一层，使纹样凸起。剔花运刀深刻，剔地平坦，纹样前后重叠有高度和层次，产生立体浮雕感，如南宋青白釉剔花花卉纹尊（图6）。

图6 青白釉剔花花卉纹尊

镂花 又称透雕、镂雕，用刀具在坯体上镂雕出空隙以达到设计要求。主要用于熏炉盖、灯、盏、瓶座上。镂花有阴镂和阳镂，即把纹样镂空和把纹样外的地镂空。镂空的空间要均衡、匀称，与工艺制作相宜。镂花镂出的空间具有实用价值，又有玲珑剔透的装饰美感，如南宋青白釉镂雕香薰（图7），盖面透剔阳纹卷曲花卉。

图7 青白釉镂雕香薰

贴花 又称贴塑。采用捏塑或模制的方法制成各种小型人物、动物和花卉的圆雕造型作为一个部件，再用坯泥浆将其粘贴在器物的装饰部位上。多用于瓶、尊、壶、炉等器物上，如北宋青白釉注壶（图8），其盖纽塑成蹲狮状。

捏雕 是采用手捏和雕塑方法对器物的某一部位作造型上的修饰。如各式瓶类的口沿装饰成菱花式、海棠式、荷叶卷口式等，器物腹部的瓜棱式、荷花瓣式等。有的再在这些部位上加以刻花纹样的装饰，两者和谐统一相配合。另一种是手捏和雕塑制作圆雕，作为独立的艺术形象，如北宋青白釉胡人牵马俑（图9）。捏雕有人物俑、戏剧俑、菩萨及各种动物等。各种瓷俑大都实心捏塑，再雕刻勾画，少数为模范成型，施青白釉。圆雕艺术还有支以枕面的瓷枕。

图8 青白釉注壶

图9 青白釉胡人牵马俑

点彩 在施青白釉的坯体上，用一种赭褐色的紫金釉斑点装饰。经过高温烧成，褐色点彩出现晕散，青白釉烘托的褐斑十分醒目。主要用于瓶盒上和各种瓷雕人物的头部、衣饰、动物头部，如北宋青白釉点彩双鸟盒（图10）。

图10 青白釉点彩双鸟盒

青白瓷装饰主要是在坯体上用竹、铁制的刀、针等工具，刻、划、剔、镂等方法表现纹饰。在操作时，首先，掌握坯体的干湿程度，坯体太干，奏刀时刻线上容易出现崩裂斑驳的痕迹；坯体太湿，坯泥的黏性影响运刀的速度。其次，掌握刀刻的力度、刻坯的深度，力度过强或刻坯太深则易伤坯体，过弱或太浅则不能受釉汁，烧成后纹样不清晰。最后，掌握奏刀的速度，运刀时胸有成竹，才能达到运刀如笔的流畅效果。以上三方面体现出宋代青白瓷刻划花装饰的精湛技艺。

二、纹样的题材内容

青白瓷装饰题材广泛，以植物类的各种花卉为主，动物类的鱼藻、珍禽、瑞兽次之，也有人物、佛道故事等。以下简述常见者。

植物类 多数为折枝式或缠枝式。牡丹花，有单朵盛开、双双怒放，有凤凰牡丹，寓意富贵吉祥。莲花，有莲开并蒂、莲花风叶、莲花水波、莲花游鱼、莲池鸳鸯等，高洁淡雅，香远益清；还有器物口沿外壁刻仰莲瓣，或器物造型呈荷花、荷叶形。菊花，有端庄团菊，秋华明艳。还有梅花、芍药、栀子、石榴、荔枝、茨菇、萱草等。

动物类 龙纹，多以捏塑圆雕形式贴于龙虎瓶上；刻划龙纹，小目长鼻，体态矫健，四周云气缭绕。凤纹，有凤穿花丛、凤衔瑞草等。雁纹，有芦苇飞雁。鱼纹，有双鱼比目、水波游鱼、游鱼荇藻、鱼戏莲花。还有鹿、鹤、喜鹊、鸳鸯、虎、狮等。

人物类 常见有婴戏图，形式多样，多以刻划赤身孩童嬉戏攀花，形态活泼可爱。

此外，还有辅助纹样：莲瓣纹、水波纹、云气纹、如意纹、回纹、圈纹、涡纹、弦纹等，在器物的口沿和胫部作边饰。

青白瓷装饰纹样的题材内容与被装饰的器物实用功能和特定环境有密切关系。一般碗盘类日常用器物装饰纹样多为花卉、鱼藻等，瓶、尊、壶类多为花卉、瑞兽，而明器类多为龙虎龟蛇四神、十二生肖、花卉次之。

三、装饰的艺术特色

（一）刻线美——一刀一画皆匠心

青白瓷装饰纹样的形式美感首先通过刻划坯体表现出来，而刻划的线条美妙生动。青白瓷纹样的刻线是因刀法的变化而产生的。刻线主要有四种刀法：侧刀法，即“半刀泥”法；正刀法，在纹样轮廓的外边缘垂直刻入坯中，刻出阳纹；平刀法，以篦状刻刀工具，刻划出多条等距阴纹线条；划刀法，即划花。运用以上刀法在坯体上刻线，产生的美感表现在：

1.芒角飞动。从刀触及坯体开始，运刀需要一定的力度和速度。随着流畅的手法，轻快的动作，侧刀、正刀的挥动，刻出的痕迹锋芒毕露，芒角分明。芒角，在中国书法学上指笔锋。梁武帝（萧衍）《答陶弘景论书二》云：“夫运笔邪则无芒角，执手宽则书缓弱”（《墨池编》卷二）。苏轼诗云：“空肠得酒芒角出，肝肺槎牙生竹石。”有芒角，就是有生气、神采。在坯体上运刀精确，刻线刚劲，清晰利索的线条给人以芒角飞动之美感。此外，由于刀刃深入到坯体中，自然有一种阻力，因而形成一种“涩”与“留”的审美意趣，流畅中带有凝重，活泼中带有沉着之感。

2.婉曲流畅。青白瓷纹样的刻划线条都是由各种形态的曲线组成，许多曲线本身就是造型单元，有优美的新月状、柔媚的美眉状、舞动的水袖状、荡漾的水波状、弯曲不定的卷云状等等。这些曲尽其态的线条，寓柔于刚，充满张力与弹性，丰富多样的曲线交织在一起，犹如一曲交响乐，气脉在其中循环往复地回旋着，性灵在悠悠不尽地流淌着。图4的刻花着重表现纹饰的“线”，用“半刀泥”刻的花叶轮廓线，起刀尖锐，刻的弧线表现出极大的张力，收刀横截而止，构成流畅飞动之势。而南宋青白釉刻花缠枝莲纹带盖梅瓶（图11）的刻花，着重表现纹饰

图11 青白釉刻花缠枝莲纹带盖梅瓶

的“面”，花瓣、叶片和花茎都是由双刀刻划而成，纹样的轮廓线刻得深，线条清晰，纹饰外的地上篦刻的排状线条细而密。两种刻线疏密有致，有节奏、韵律感。

关于曲线，西方美学家有许多精辟深刻的见解。英国艺术理论家荷迦兹在《美的分析》中“论线条”说：“曲线，由于互相之间弯曲程度和长度都不相同，因此具有装饰性。”“波状线，作为一种美的线条，变化更多，由两种弯曲的，相对照的线条组成，因此更加美，更加吸引人。”“蛇行线赋予美以最大的魔力。”（载《美术译丛》1980年第1期）而青白瓷刻划的曲线错综交织组成一幅寓意吉祥的装饰图案，鉴赏者从中获得无限遐思，体会到审美娱悦。

（二）釉色美——清光淡影总澄明

1.质地莹润：宋代彭汝砺《送许屯田》诗云：“浮梁巧烧瓷，颜色比琼玖。”盛赞青白瓷釉之美。典型的宋代景德镇青白瓷胎质细腻坚致，釉色白里泛青，莹润匀净，坯体上刻划的花纹都可以在釉下清晰映出光影，因此青白釉又称“影青”釉。青白釉以铁为主要发色元素，是一种在高温还原焰烧成条件下呈现出来的釉色。宋代景德镇配制的坯釉都是用石灰石为主要熔剂。石灰釉的特点是，氧化钙含量在0.6分子当量以上时，即使釉原料中铁的含量很少，经过还原焰烧成，也会产生淡青的色调。因此，宋代青白瓷是当时景德镇常用釉料在一定烧成条件下的产品，其熔融度好，在高温下流动性适中，与胎体结合非常致密。青白瓷在一般情况下青白釉层厚度约为1至1.5毫米，当釉层更厚时釉色则加深。

2.自然渐变：青白瓷一次性施用青白釉汁，圆器采用蘸釉和荡釉法，琢器采用浇釉法。因此，侧刀刻出的线条靠纹样的内侧深，所以积釉汁厚，色调浓，为青绿色；外侧浅，釉色渐次淡，为青白色，纹样的线条深浅导致釉色浓淡的变化。以上两种特征在刻花纹样中十分鲜明，刻花中釉色随斜坡状刀痕而渐次加深（图4、图11），分别烘托出纹样的“线”和“面”。整个篦刻的地又有一层朦朦的釉面，增加了层次感。在印花（图5）、剔花（图6）中，花瓣表面经过修饰，釉层厚薄不同产生釉色深浅的柔和过渡。花瓣与叶片的外沿都较高，受釉最薄（高温烧成时釉的流动性），釉色最淡。又因釉色纯净透彻，刻划剔印的纹样，在釉色的烘托下明快自然，给人以清新素雅的美感。青白瓷釉浑然一色，光润、素洁、淡雅、晶亮，充分体现了釉色美。

（三）纹样美——单纯精致有巧思

宋代景德镇青白瓷的纹样含有一般装饰纹样造型和组织构造的法则，如变化统一、对比调和、均齐平衡、条理反复、节奏韵律等。而青白瓷独特的形制、材质和工艺，使其在以下几方面的特征尤为突出。

1.平面构图。纹样形象多不重叠，视点分散，

着眼点放在一个展开的平面上。以挪移、穿插、揖让、避就等手法，将自然景物装饰化，布置在器物特定形态的表面，构成适合纹样，如以阳线组成的双凤牡丹纹平铺在碗内斜壁上（图5）。

2.抽象变形。一般纹饰变形先把握自然物象的外部特征，取舍、提炼、修饰、变形。青白瓷纹样主观意识强，因此外形十分夸张，线条也非常简洁。水禽、婴戏仅仅数笔（刀）就勾画出动态特点。抽象变形还提炼出莲花、菊花、牡丹花花瓣典型特征、排列秩序等。

3.弧面均衡。为适应工艺制作条件，纹样大多装饰在碗盘内心、内壁、瓶的肩腹部。碗盘壁相对较厚，内壁印坯方便，又有观赏画面整体感和舒适感。其骨式多样，构成各异，大体为均衡式。如碗盘圆形纹样，以"S"为中轴线组成上下、左右呼应，不作对称的适合纹样。圆形适合纹样骨式有团式、旋式、涡式、放射式、上下倒置式、直立式等。其特点是构图较灵活，变动性强，划分自如，以适应立体器物装饰部位弧面的限制。有时采用相让手法突破规范要求，在两个单元纹样之间相互穿插，一揖一让，以达到整体完美效果。在瓶、尊、炉的肩、腹部隆起面上以带状条形的装饰，采用循环式的二方连续纹样，纹样以平接和错位法产生节奏韵律感。如南宋青白釉刻莲花纹三足炉（图12），丰满的腹部刻莲纹，纹样单元中两朵莲花一仰一俯，卷草起伏生波，花草流畅自如，灵活多变，姿态优美，纹样益显生动。

图12 青白釉刻花双耳三足炉

从以上几方面的分析，可以归纳出宋代景德镇青白瓷装饰的风格特点：

简洁、莹润。青白瓷装饰太多是用简单的刀具在坯体上刻划，以简练生动的线条表现高度概括的纹样。一次性施釉，釉面光润匀净，釉色明亮清澈，整个器物为一种有瑶光的纯净色釉。在单纯中表现色调自然渐变，充分体现出景德镇青白瓷质地的美感。

淡雅、清新。青白瓷釉色白中隐隐映现出青色，而刻划纹样的釉色又较器物釉色略深，素影纹样在淡雅中显得清新。纹样为适合立体器物的造型特点，以各种长短、大小弧度的弯曲造型单元构成，产生舒展轻快的节奏和韵律。

图书在版编目(CIP)数据

中国国家博物馆馆藏文物研究丛书. 瓷器卷. 宋一元 / 中国国家博物馆编；张燕分卷主编. —— 上海：上海古籍出版社，2023.9
ISBN 978-7-5732-0797-5

Ⅰ. ①中… Ⅱ. ①中… ②张… Ⅲ. ①文物—研究—中国 ②瓷器(考古)—研究—中国—宋代-元代 Ⅳ. ①K870.4②K876.34

中国国家版本馆CIP数据核字(2023)第149152号

责任编辑：张世霖
技术编辑：隗婷婷

中国国家博物馆馆藏文物研究丛书
瓷器卷（宋一元）
中国国家博物馆编
张燕　分卷主编
上海古籍出版社出版发行
（上海市闵行区号景路159弄1-5号A座5F　邮政编码201101）
（1）网址：www.guji.com.cn
（2）E-mail：guji1@guji.com.cn
（3）易文网网址：www.ewen.co

制版印刷　上海雅昌艺术印刷有限公司
开　本　889×1194　1/16
印　张　20
版　次　2023年9月第1版
　　　　2023年9月第1次印刷
印　数　1—1,300
ISBN 978-7-5732-0797-5/K·3417
定　价　780.00元
如有质量问题，请与承印公司联系